沒有人天生勇敢，而勇氣是可以練習的

The Courage Map

13 Principles for Living Boldly

拓展勇氣邊界　定義全新的自己　我從絲路重機之旅學會的十三件事

Franziska Iseli
法蘭茲卡・伊絲莉──著　楊婷湞──譯

【給勇氣的一封信】

親愛的勇氣：

我喜歡和你在一起，因爲你風趣迷人，讓我進步，鍛鍊我成爲更好的人。

你告訴我，當有人對我說，有些事是辦不到的，我可以選擇不相信。你爲我加油，讓我的生活充滿無限奇妙的時刻。你讓我突破了極限。雖然有時你讓我喘不過氣，有時讓我有些緊張不安。謝謝你，我會帶著燦爛的笑容和一顆滿懷感激的心回顧我的人生；懂得忠於自己，勇敢過自己的生活，沒有遺憾。

我永遠感謝你。感謝你曾教我並繼續傳授給我的一切！

我愛你。

——法蘭茲卡

推薦序

人生最好的教案——平凡人的勇氣

——作家、法國哲學諮商教練　褚士瑩

在進行哲學諮商的過程當中，我注意到一個華人文化「軟體」上常見的「bug」（程式錯誤）。

那就是，成功的人總是試著讓別人相信自己是一個偉大的人，透過藏私、留一手，或者是增加成功的門檻，讓自己的成功經驗也跟著變得偉大而且獨一無二，無法複製。這些人認為只有這麼做，才可以保持自己高高在上的地位。

原本我以為只有政客、生意人才會如此，但當我在面對教師進行培訓的時候，卻發現這情形在教師之間，也非常類似。

無論在哪一個國家，教師對於自己每一堂課要上什麼、怎麼上，都會有一個所謂的「教案」（lesson plan），我注意到中文所謂的「好」教案極為複雜，明明一堂小學生四十分鐘的課，教案卻可以洋洋灑灑動輒十幾頁，內容詳細地把課題、課時、教學目標、教學內容、教學的重點及教學方式、教學過程、教學案例、教學用具、補充教材教學等，全部鉅細靡遺地陳述出來，甚至每一個細節幾分鐘、幾秒鐘都有明確的制定，我不知道除了書寫這份教案的老師本人之外，有誰可以真正做到；即使做到了，也不確定對於學生而言，會不會是一堂有趣的課。

所以，表面上，這份教案是開放、無私的分享，實際上卻是一種對於同儕的恫嚇：「繼續在我後面吃灰塵吧！這個教案展現的是我偉大的個人風格，你永遠做不到我的萬分之一。」

但當我在歐美國家進行同樣的教師訓練時，卻發現當地教師雖然也寫教案，教案卻非常簡明樸素。

基本上，在歐美的教育現場，一個所謂好的教案，只需要符合四個清楚的原則：一、能夠激發學生的信心。二、讓老師能夠在課後清楚評估自己是否達成教學目標。三、設計段落和段落之間流暢的連結。

但是，最重要的是：第四、讓代課老師一目瞭然，知道如何使用。

在傳統的華人文化情境之下，老師總是讓學生（甚至學生家長）覺得自己不夠好，不只這樣，老師還會讓其他老師覺得自己不夠好。但是在歐美教育的文化情境下，一堂好的課必須要好玩有趣，能跟生活情境連結，每個人都可以用自己能夠理解的方式參與；更重要的，是讓學生覺得自己有獲得感，覺得自己學習到了新東西，而學習是有趣的，點燃對於學習的熱情。

相反的，我發現在華人世界，每個老師在看完得獎的所謂「優良教案」以後，都覺得自己被潑了一盆冷水，甚至開始懷疑人生，質問自己到底適不適合吃教書這行飯，萬一這位名師哪天生病請假，恐怕沒有別的老師敢拿著這個教案來執行。

我覺得把一個可以簡單明瞭的教案，裝扮成個人風格的極致展現，一種別人不可能複製的經驗，是多麼怯懦的表現！我很想問那些寫出洋洋灑灑教案的「優良教師」：「你們到底在害怕什麼？」

我想到瑞士企業家法蘭茲卡．伊絲莉（Franziska Iseli）在《沒有人天生勇敢，而勇氣是可以練習的》裡，說到「勇敢」的定義：「勇敢不是拒絕失敗，而是勇於承認失敗。勇敢是明白事情不完美卻不願安於現狀，寧可奮力一搏。勇敢是為了成長而跨出舒適圈，迎接未知。勇敢的人從不逃避問題，而是直球對決，帶著真誠和正直的心。勇敢是明辨是非，為不公不義發聲，但是最重要的，是能夠激勵他人一起前進。」

其實不管老師也好，企業家也好，學生也好，家長也好，小職員也好，如果我們是勇敢的人，就可以透過對自己的信心，激發別人的信心，讓別人在跟我們交流的過程中，也能夠體會到「我也很不錯呢」的那種滿足感，而不是「跟他比起來，我果然糟透了」！

因為勇氣就像笑容，是有感染力的。

看到一個平凡的人，做了一件有勇氣的事，才會讓我們也變得有勇氣去嘗試。但是如果我們看到的是一個偉大的巨人在做勇敢的事，只會讓我們覺得自慚形穢，更加畏首畏尾。

最大的勇敢，就是除去巨人的偽裝，從華麗的升降舞台走下來，從變形金剛的駕駛座走下來，從香煙繚繞的神壇走下來，從崇高的講台走下來，做一個自在的平凡人，用自己原本的樣子，勇敢做著每一件日常小事，勇敢做自己，讓別人也感染那一份勇氣。

或許，這才是人生最好的教案。

推薦序

鼓起勇氣，放膽去做

——維珍集團創辦人 理查・布蘭森（Richard Branson）

我總是熱衷冒險，樂於跟我的家人和朋友們分享許多冒險經歷。當法蘭茲卡對我描述她沿著絲路騎重機的旅程，我對她的故事感到興致盎然。

每天，我看見大家在這世界上做著偉大的事。他們有什麼樣的共同點呢？勇於追逐他們的夢想，產生積極的影響力。法蘭茲卡的書也告訴了我們，如何拋開恐懼，以勇氣、愛和善良做為基礎，去支持我們的生活和事業。

我或許不是最勇敢或最聰明的人，但我有遠大的夢想，和有智慧的人來往，並且大膽冒險。勇於挑戰的性格引領我走過一段難忘的人生旅程。勇氣讓我有能力做出正確的抉擇，無論是年少時反對越戰，或是突破自我界線，開始經營像維珍銀河（Virgin Galactic）這樣的公司。

有勇氣並不代表無所畏懼，而是即便感到害怕仍持續下去。草率行事也並非不計後果，而是要承擔仔細評估後的風險。勇氣不會讓你等待自信那一刻的到來，而是自己主動採取行動。

年輕時的我，怎麼會懂得經營雜誌呢？我真的有辦法管理一間全球性的唱片公司嗎？像我這種嬉皮又為什麼忽然會創辦一家航空公司？嘗試駕駛熱氣球環遊世界很瘋狂嗎？還是建立一條商用的太空船路線？

我總是滿懷信心挑戰自我，我認為，當我們把握機會，考驗自我時，我們會表現出最好的一面。

這並非表示過程就毫無恐懼。但有了像是法蘭茲卡這樣的冒險家來指引方向，還有這本書可做為輔助工具，我們都可以找到冒險的勇氣，勇敢去做。

還想什麼呢，放膽去做吧！

前言

關於勇氣

勇氣是讓人類之所以能生存且更有意義的來源。勇氣是促成人生許多偉大經驗的推手——那些令人難忘的時刻，足以改變你的生命歷程，讓你走向更好的境界。勇氣是你的盟友，能幫助你過得更充實圓滿。當你面臨生命中重大的挑戰，勇氣能支撐你做出更好的決定；當你動了屈服的念頭時，勇氣讓你忠於自我。

最棒的是，勇氣是人人都學得會的技能。無論你身處何地，或是你的過往如何影響你的生活，這本書將告訴你，將勇氣進化成為你的超能力的方法。

二〇一八年初，我忽然有一個「最好的壞主意」：從我住的瑞士出發，騎重機沿著絲路一路旅行到亞洲。我想追隨馬可波羅的腳步，他是義大利商人和作家，因為在十三世紀前往亞洲的遊記而聲名大噪。

當我感覺自己受到挑戰的召喚時，我決定一個人完成這趟旅行。我對騎車很有信心，不過對修理車子卻一竅不通，更別說要在阿富汗邊境換輪胎，或是渡過水深及腰的冰冷河流。但我心想，自己還是得在長達一萬兩千公里的旅途上克服這些事。或許我真的有點像在癡人說夢吧！

一切的緣起

我決定開始這趟冒險的幾星期後，在巴哈馬的社會創業會議上遇見了麥克．可來恩（Mike Cline）。那天在晚宴上，麥克先提到了騎重機的事，我便和他透露自己接下來的絲路之旅。他睜大了眼睛，因為他夢想這段旅程已經超過十年。他問我：「妳介意多個旅伴嗎？」

起初我猶疑不決，但轉念一想，我意識到，有個旅伴同行，一起拜訪計畫去的幾個國家也是不錯的主意——特別是他知道怎麼修車還有看地圖！後來麥克在旅途中可救了我不只一次。

二〇一八年七月，麥克和我在瑞士的媽媽家碰面，我們就從那裡出發上路了。

我在許多場演講中時常分享自己對勇氣的想法，但直到重機之旅時，我才意識到自己必須寫下一本這樣的書。我每天花很長的時間騎車，有時一天要騎上八到十個小時——這讓我有足夠時間反省和深入思考，我想分享給你們的勇氣原則。

這本書會幫助你了解恐懼的源頭，明白如何重新掌控你的人生，勇敢的生活——一個你熱愛且自豪，完全屬於自己的生活。

勇氣是一股強而有力的能量，能讓你打造出屬於自己的生活。勇氣讓你忠於自己，以身作則，產生正面的影響力，不再惆悵度日。勇氣也是一股潛在的能量，讓你在個人和職場上，做出大大小小的改變。

每個人都擁有源源不絕的想法和夢想，希望過著與眾不同的生活。而我們之中的某些人，正是缺乏落實這些想法的勇氣，無法勇敢追夢。

拓展你的勇氣界線

這本書是想告訴你，如何在各個生活領域中，拓展自己的勇氣界線。

你的勇氣界線，或者說是舒適圈的範圍，象徵你能承受多少風險或不確定的感覺。

冒險多半有潛在的付出代價，但也伴隨著可能的報酬。隨著年齡增長，我們的勇氣界線往往會跟著限縮，因為我們開始想避免可能發生的痛苦，也不想再冒險。一旦你的勇氣界線變小，你的可能性也會跟著流逝。

好消息是，你的勇氣界線是靈活的，你可以有意識地培養需要的勇氣，以一種嶄新之姿重新開始，收穫充實的人生。

當你運用本書所提到的原則去規畫勇氣地圖時，就能拓展勇氣的界線。當你開始發現新的契機並付諸實行，會感到更有勇氣。你有能力去做一些自己曾經認為不可能的事。也許有時會覺得不舒服，但請記住：這不過是過程中的一小段罷了！這種不舒服的感覺，也意味著你正在進步中。

為了帶你走上勇氣的道路，每一章都設計了一份日誌，好讓你可以畫下屬於自己的勇氣地圖，沿途記下想法、見解和行動的足跡。

當你長出更多的勇氣，探索自己的界線時，請相信這個過程。在你探索刺激和未知的領域時，你將會經歷許多美妙的驚喜，當然也會遇到一些阻礙。擁抱你的旅程，提醒自己持續追逐你最不可思議的夢想。

培養勇氣不是一步登天就能達成，而是一段持續不斷的過程。所以，無論何時，當你感到是時候調整自己了，請回頭來看看自己的勇氣地圖和記錄。

你或許會發現，與勇氣原則有關的想法或觀察，會在一天之中不經意的從你的腦海裡冒出來。我建議你把這些想法寫下來，不必加以修飾。當你在閱讀這本書時，會開始看見細微的轉變和顯著的不同，因為你變得更能夠覺察自己的思考、行為和感覺模式。

你也可以把勇氣地圖做為自己一年的變身計畫，每個月都嘗試一種新的方法。或者，你也可以選擇加快改變的進程。一切都操之在你！

這是屬於你的冒險之旅。

勇氣的意義

毫無畏懼，並不代表勇敢；而是即使害怕也會做出勇敢的決定。勇氣是一種技能，一種能力，能克服你面對恐懼時所養成的習慣反應，用最符合你和他人能接受的方式，有自覺的面對恐懼。勇敢的人能真誠面對自己，願意冒險，接受挑戰並以身作則。

勇氣能賦予你能力去克服害怕的事。就像害羞的孩子雖然怕生，卻能和遊戲區的同齡孩子聊天；探險家不顧風險，去拓展新的領域；消防員冒著受傷的可能，衝進失火的房子救人；你最要好的朋友害怕在眾人面前講話，卻克服恐懼在你的生日派對上發言。從這些事情裡，你就能看見勇氣的力量。

草率行事也稱不上是有勇氣。在迎面而來的車流中逆向行駛、不知水有多深就往懸崖底下跳，這是不顧生命安全。冒著一點都不值得的風險——這更是不負責的犯險。

所謂的勇氣，是接受有價值的挑戰——這才是值得付出的冒險。

勇氣不是向他人證明自己，而是做真實的自己，無怨無悔地生活。

勇氣能讓你做出下列決定：

- 有人反對你，你還是會說YES。
- 即使說YES更容易，你還是會說NO。

- 帶著開放的心胸過日子。
- 即使過程不愉快，也要為自己的理念挺身而出。
- 與困難的對話直球對決。
- 無條件去愛。
- 當機立斷。
- 接受新的挑戰。
- 當別人都說不可能，依舊追求自己的目標。
- 全然相信自己。

勇氣就是面對恐懼。你可以選擇與恐懼優雅共舞，或者讓恐懼絆住你的每一步。我的意見是：讓我們來跳舞吧！

勇者會做的四件事

當你看完本書，將學會採取四種重要的行為及態度，引導你走向充滿勇氣的人生。

1 忠於自我

勇敢的人懂得面對自我，捍衛自己的信念，從不輕言放棄。他們擁有強韌的價值觀和巨大的信念，支持他們堅定邁向想要的生活。

他們不怕與時俱進或挑戰傳統思維，致力在生活的每一個領域中持續學習、發展並進步。

2 勇於冒險

有勇氣的人願意挑戰冒險，想要發揮更大的影響力，活得更精采。他們明白，事情不會總是順著自己的心意發展，但即便事情只有一絲絲的轉機也絕不會安於現狀。為了成長，他們會跨出舒適圈，迎接未知的一切。儘管心中也有恐懼和猶豫，仍秉持著信念，大膽跨出人生的每一步。

3 面對困難從不畏縮

有勇氣的人有能力直接面對問題、處境和挑戰。

他們不會逃避問題，相反的，為了每個人的利益，他們會帶著真誠、尊敬和正直的心，面對所有的挑戰。

4 以身作則

有勇氣的人懂得以身作則，他們以勇氣、善良和同理心帶領他人，並將自己的恐懼、疑慮和他人的想法置之度外。

他們恪守誠信，將言語化為實際行動；懂得明辨是非，用仁慈的心為不公不義發聲。

他們採取行動，激勵身邊的人一起勇敢站出來。

質疑的勇氣

勇氣不僅能幫助你真實地面對自己，更勇於冒險，面對種種挑戰，發揮影響力；同時也會將你從充滿限制的社會教條（也包括你自己設下的規矩！）中解放。

千萬別相信那些毫無意義的社會教條，那會阻礙你邁向尋找勇氣的旅程。我討厭那些沒有意義的規矩，許多社會教條毫無用處。以下是我所想到的內容，但我確定你能想到更多！

- 為什麼非得把車子沿著街邊停靠在特定方向（至少在澳洲是如此）？
- 為什麼早餐吃披薩或晚餐吃麥片會讓人覺得很奇怪？
- 無條件去愛真有那麼困難嗎？
- 為什麼在餐桌上吃晚餐沒脱帽，會被認為沒禮貌？

・為什麼男人不能穿裙子（好吧，起碼會這麼做的人不多）？
・為什麼穿著浴袍去上班是不被允許的事（哦，我愛我的浴袍！）？
・為什麼只有孩子能在街上蹦蹦跳跳，大人這樣做就會被當成怪胎？
・為什麼敬酒的時候一定要看著對方的眼睛（其實我喜歡這樣！我敬酒時一定會和對方四目相交，因為在瑞士，我們認為不這麼做，性生活就會七年不順，哈）？

拒絕未經思考就接受社會、家庭、同事或是所謂專家們告訴你的一切，要去質疑你覺得不合理的事。

媽媽曾告訴我小時候發生的一件事。某天我放學回家，問她能不能去找最要好的朋友弗拉維亞，她說不行。我百思不得其解，想不出她拒絕我的原因。等到作業都寫完了，也沒有被禁足，所以我直接問了她：「嗯——媽媽，為什麼我不能出門，妳能告訴我原因嗎？」

媽媽想了一下，才說：「其實，沒有理由，只是我今天心情不好，覺得煩躁。」

我慶幸自己那時選擇了問問題，這個勇敢的小小舉動帶來了很大的改變，我也因此能夠去找我最好的朋友。有時一個簡單的提問，就能把平凡的時刻變成快樂的時光。

對於別人告訴你或期待你去做的事，你不必言聽計從。勇敢質疑你覺得不合理的事，還要樂此不疲。

許多的規矩和限制都是自己所設下的。有些是你從父母和朋友身上承襲而來的信念，有些是源自於你個人的經驗。不要只是接受這個世界的現狀或是理所當然看待事情的方式。而是鼓起勇氣不斷提問，找出事情的真實樣貌。

無怨無悔活出自己

那天，沖浪之後，我坐在地板上吃著吐司夾炒蛋，電話忽然響了起來。另一頭傳來的，是哥哥的聲音。

這通電話徹底改變我看待生命的方式。那年，剛滿五十八歲的父親，因為心臟病而毫無預警的過世。即使過了這麼幾年，至今我仍無法形容心裡的震驚和難過。

那段期間，我反覆想著一個問題，直到現在我也還會問自己：「如果我現在就要死了，我滿意自己的生活嗎？」

勇氣是一種能力。無論你現在有多勇敢，你還是可以變得更好，可以有意識的去拓展你的勇氣邊界。

如果答案是肯定的，我就繼續做現在做的事；如果答案是否定的，我知道必須做出改變了。當安穩度日比較容易時，這個問題讓我有行動的勇氣。在生活中，你可以隨時問自己這個重要的問題，引導你做出決定。

意識到自己的死亡，見證到生命如何快速變化，讓我積極選擇我的生活之道，而非受恐懼驅使。就算感到害怕，這個念頭也讓我傾注心力過日子，做出勇敢的決定。

充滿勇氣地展開人生這場旅程，不是為了自己、為了另一半、母親或是兄弟。這一切，都是為了你自己。

勇氣如何塑造我的人生

勇氣不只是讓我在私人生活中能真誠面對自己，勇氣也讓我在創業路上發揮影響力，組成有衝勁的團隊，產生積極又長遠的效應——這條路具有各種挑戰，我也曾犯下數不清的錯誤。然而，用創業精神去解決有意義的問題，對我來說，不只在過去，即使到現在，也仍舊是值得挑戰和重要的任務。

取得政治學和行銷學的碩士學位後，我開始了廣告文案的工作生涯。每個月固定的收入讓我擁有安全感，但這樣的工作對我來說，完全在掌握之中；我渴望能發揮長才，創造更大的影響力。

然而，在瑞士長大的我，也長期被根深蒂固的價值觀所影響，我們被灌輸了一種觀念是：「不應該離開有發展前景的工作。」

因為「勇氣」，我才能勇敢地辭掉工作，開始一份新的事業。現在，我已經有了自己的公司，為全球各中小型企業主提供行銷培訓課程。在第一次創業後，我又成立其他的公司，也投資了一些計畫，這些事都燃起了我的熱情，更為我帶來正面的影響力。

「海洋愛好者」（Oceanlovers）就是其中的計畫之一。那是一個在雪梨的炎熱夏天，我待在海上時，對海洋保護有了頓悟。愈來愈多的塑膠堆積在原本乾淨的海灘上，海水的溫度上升，珊瑚和海洋生物瀕臨死亡。我知道自己必須做些什麼。

我們要如何喚醒更多人關注這個議題？我的答案是：創立一個可以打動人心、充滿吸引力的品牌。

幾個月之後，一個新的品牌誕生了，終極目標是：「鼓舞並激勵群眾，共同拯救我們的海洋。」

我們鼓勵大家撿起海灘上的垃圾，然後架構起一個平台，提供各種以海洋永續理念發展出來的商品。

我們是最早使用塑膠瓶和魚網製成沖浪服飾的企業之一。這件事需要有冒險的勇氣——我們並不知道所提供的商品能否引起群眾們的興趣。幸運的是，世界各地的人都喜歡我們發起的任務，想要加入我們的行列！

我的公司也經常會面臨挑戰，必須勇敢拒絕某些不認同我們理念和使命的客戶或計畫。然而，我們也不一定百分之百都做對。

過去十多年來，有許多令我膽顫心驚的時刻，讓我心跳加速。有時，我根本不知道自己在做什麼（這種感覺至今仍不時會冒出來）。這時，我必須記住要相信自己，不管情況多麼可怕或艱難，都要做對的事。當然，我也曾犯錯，同時也能從這些錯誤裡繼續學習、成長和進步。

當你開始展現勇氣，機會就會來臨。但是，阻礙你的事也會跟著出現，所以你必須能夠拋開恐懼，駕馭沿途的路障和挫折。當你能勇敢活著，就能死而無憾，因為你已盡全力為生命付出。

那麼——恐懼呢？

想要了解「勇氣」，我們也要懂得什麼是「恐懼」。

把「恐懼」看成是一種角色，我們就能進一步了解它。想像它是一個長相怪異的外星人：當你遠遠看著它時，它的模樣很嚇人。但是，當你愈是慢慢認識它，就愈會覺得它沒那麼可怕了。

恐懼的作用和其他情緒很類似。如果你允許它們從你身邊經過，不去抵抗或逃跑，最終它將會自己消散。

所以，當你看見恐懼向你張牙舞爪時，不要往別處跑，而是站在原地面對它、感受它，允許它靠近。如此一來，它反而會從你身旁經過。

事實上，絕大多數時候，恐懼的作用也能保護你的安全。

恐懼的另一面是什麼？

當你能勇敢面對恐懼時，會發生什麼事呢？

你將得到自由。

遊走在恐懼和自由之間的路上，你會感到困惑、猶豫、缺乏自信以及各種游移於兩者間的感覺。

之後，你便能抵達自由的彼岸，體會到一種不受拘束、奇妙和思緒清晰等難以言喻的美妙感覺。

面對任何生活中的事情皆是如此，跨越恐懼之後，你會變得更好。這是一項練習：你愈是努力，就更容易達成目標。當你卸下身上一層又一層多餘的重量，你也離自由愈來愈近。

逃避恐懼不是最終的目標，而是能夠從容不迫駕馭它，視它為老師。即便在恐懼的情況下，你仍能學會與平靜和舒適共處。

恐懼的另一面

恐懼讓你發現自己正處在一個安全的地方，讓你停留在原地。因為它不願讓你失敗，希望你安全，它想要保護你。

恐懼也會伴隨著麻煩，有時在你不需要受保護時，它卻仍保護著你。它無法分辨，什麼時候你需要被保護，什麼時候必須推你跨出舒適圈。

恐懼會試圖讓你遠離以下的事：

・敞開心胸，盡情去愛。

・變得更有信心。
・不去在意某些人。
・樂於接受某些新事物。
・相信自己。
・勇往直前。
・離開安穩的工作。
・嘗試和從前不一樣的打扮風格。
・堅守信念。
・為自己所愛挺身而出。
・表現出脆弱的一面。

這些情節都不盡相同，但它們有一個共同點：必須冒著某種程度的風險。

你可能會踏錯一步就失敗，但有犯錯的勇氣，帶著失敗前進——把犯錯當成墊腳石——這會讓你進步，過著心靈富足的人生。失敗就是教訓，能讓你蛻變，達到與眾不同的高度。

最近有個好朋友問我：「妳會不會後悔勇敢做出的決定？如果妳發現自己錯了怎麼辦？」

會不會搞砸不是重點，而是時機點。因為，只要是人都會犯錯。與其感到後悔，不如當成是修正的絕佳機會。失敗讓你不會陷於同一個地方停滯不前，反而調整了你的人生道路。

或許你認為這聽起來像天方夜譚，但我相信世界上總有解決事情的辦法。有時要花上比你想像更長一點的時間，有時又讓你摸不著頭緒，直到幾年後再回過頭來看，你才會明白箇中的道理。

你還記得做了讓自己驚慌事件的當下嗎？可能是你犯了錯，後來發現一切都完好如初，甚至變得更好？我就曾有這樣的經驗！

有時你以為的「重大錯誤」卻搖身一變成為不可思議的好事。了解到這一點，保持客觀看待失敗，你將可以在生活中承受更多的風險，知道事情會在各種形式下獲得解決。

勇敢面對恐懼，能帶你通往別人不敢去的地方。

恐懼的牢籠

如果你漠視或逃避恐懼感，它可能會成為一座囚禁你的牢籠。你能持續面對恐懼才是關鍵，它在任何情況下就無法左右你的一舉一動。千萬別讓恐懼主導了你的日常生活，別成為牢籠裡的囚犯。不斷覺察你的情緒，與恐懼感和平相處，選擇你想要的正確方法來回應。

寫日誌是我發現能讓自己不因恐懼而陷入情緒牢籠的一種方法。當恐懼感湧上心頭，我可能會陷入困境或停滯不前的風險之中。

因此，針對讓我驚慌的事，我必須做出抉擇或是採取行動，這時，我會轉向我的筆記本。

我會逐一寫下所有的想法，記錄每一天的事，直到我想清楚了，準備好用自己真實的想法勇敢行動。這個過程讓我重新掌控我的人生，無所畏懼地生活，不再受到恐懼感的阻撓。有時會需要幾天的時間，有時甚至會更久，才能走完這個過程。

寫日誌對你或許也有效。你可能會發現，寫一封信給自己所愛的人，恐懼就少了一點；或者和一位朋友討論你的恐懼，就有驚人的效果。每個人面對情緒和找回思緒的方式多少都有些差異，只要選擇對你有用的方式即可。

恐懼維護了我們的安全，讓我們存活下來；我們應該要感激恐懼的存在，但千萬別讓恐懼困住你。

儘管害怕，仍選擇放手一搏，這才是有勇氣地活著！

你的勇氣地圖

為了大膽生活，追尋瘋狂的夢想，在這世上留下你的印記，你將在這本書中設計屬於你自己的地圖。

由上方俯瞰一幅圖畫或被呈現出來的某個區域，你就能開始繪製地圖。你的勇氣地圖有專屬於你個人的標記，由上往下看會有助於你思考，用各種方式去拓展你的勇氣界線，也是帶你通往勇氣人生的指南。

你的地圖或許看起來和別人的很不一樣。你可以選擇想要的旅程，想攀爬的山、想渡的海、愛聽的旋律、想駐足的地方，還有想同行的人。這是你自己的地圖，你通往勇氣的旅行。

勇往直前

你將在這本書中找到十三個幫你培養勇氣、拓展界線的方法。每一個方法都是為了支持你更勇敢地做決定，讓你回首人生時不留遺憾。這些方法將是指引你人生旅途的羅盤。

旅途中的旋律

一段美妙的旅程怎麼能沒有音樂相伴呢？音樂擁有難以言喻的魔力，能增添每趟旅途的樂趣。在介紹每一個方法之後，你會得到一些「旅途中的旋律」，幫助你在日常生活中運用每個方法。

你可以反覆複誦這一連串正面的信念和堅定的話語，讓每個方法都成為一種習慣。

就好比你在旅行中會重複播放喜歡的音樂一樣，這些為你加油打氣的旋律，也會漸漸成為你的一部分。

補給站

在旅途中停下來補給，和旅程本身一樣重要。跟著每個方法和勇敢的旋律一路走下來，總會有需要補充能量的時刻；之後才能透過有趣的挑戰、行動步驟和實際的練習，把每個方法付諸實行。

旅行日誌

在介紹每個原則之後，會有幾個問題留待你去思考。停下來花點時間想想，該怎麼把每個原則與你的生活結合。

終點

當你踏上一段旅程，必定已知道自己想去的地方。或許你不會知道該怎麼走，但你仍會往心中所想的終點前進。

讓我們花點時間想想，你的勇氣之旅會在哪裡結束？

你想成為什麼樣子的人？

在你規畫的勇敢地圖中，你想抵達的最終站又是哪裡呢？

拿起你的筆記本，寫下對下列問題的想法：

- 你認為什麼叫做勇敢的生活？對你來說會是什麼樣子呢？
- 你在什麼時候會感到勇氣滿滿？
- 你希望自己在生活中的哪些方面可以更勇敢？
- 勇敢的生活會對你和身邊的人帶來什麼影響？
- 你最害怕的事情是什麼？
- 恐懼如何阻礙你的生活？

・如果你擁有足夠的勇氣，會做出什麼樣的決定、採取什麼樣的行動？思考過這些問題之後，留意你目前的勇氣指數，接著在閱讀這本書的過程中觀察自己的變化。你會驚訝地發現，僅僅一個微小的調整，就能帶來巨大的改變。

勇氣是一種技能。不管你現在擁有多少勇氣，你總是可以找到更多。你可以有自覺的努力，拓展你的勇氣界線。

獻給你

如果你想變得更勇敢、渴望給生活更好的機會、想活出自我，這本書正好適合你。

如果你也想從自身做起，帶動身邊的人，激勵他們勇敢生活，你更要讀這本書。

這個世界需要你的超能力！

想像地球上有愈來愈多的人不再惆悵度日，而是鼓起勇氣，堅持自己的原則，說出自己的想法，做對的事，發揮創意和創新的精神，尊重自己和他人，不帶任何批判——這樣的日子多麼美好。

停止扮演受害者，

重新寫下自己的劇本。

第一章

你的故事

在各種經歷中，人類會自然而然找出各種意義，這是我們理解世界的方法。我們把經歷過的每件事都變成故事，所有的故事賦予我們活下去的意義。故事讓我們成為現在的自己。在人生的旅程中，我們不知不覺在遭遇的每件事裡，添加自己的註解和看法——有些對自己無益，也有些是有利的。

你替自己寫下的故事，形塑出你看待世界的視角，它會決定你的處事是出於恐懼或勇氣，決定你如何活出勇氣。正因為你是自己故事的作者，所以有能力重寫那些不適合你的橋段。

寫下自己的劇本

我的一位朋友曾感嘆地說：「每個父母都會把他們的孩子搞得一團糟！」他的話讓我笑了。

我也跟著思考這句話。或許他講得也對——我們每個人都有一點混亂。不過，我們的父母並非刻意去破壞我們原有的想法，是我們對經驗的詮釋，讓我

「爲了生存，我們說故事給自己聽。」

——瓊·蒂蒂安（Joan Didion）*

們的想法在無意中被改變了。

每一個故事都有其創作方式，可以幫助你變得更勇敢，或者將你推入恐懼的深淵。這是一種選擇，雖然大多時我們都沒有意識到自己做了什麼。每個片刻都是你能創作出新故事的機會。所有的故事就跟地圖一樣：幫助你用一個更簡單的方式，去觀察、了解這個複雜到不行的世界。這些故事形塑出你的信念價值觀。

或許這些故事塑造出了你的個性，但故事卻不是你的本質。

故事就是你為自己蓋上的防護

層，就像季節由夏轉冬時，你會穿上一件又一件的衣服一樣。你身上的冬衣是為了保暖，讓你不會著涼。故事也是如此。

有些衣服讓你感到光彩奪目，有些讓你感到渾身不自在。同樣的，有些故事給你力量，有些讓你感到痛苦，阻止你勇敢追求生活。例如：一個讓你無法相信他人的故事，會讓你抱著懷疑的心態去交新朋友；相反的，一個告訴你每個人都很善良的故事，會讓你在陌生人面前感到更加自在和直來直往。

隨著年紀漸長，你心裡不斷堆疊了一層又一層的故事。這也是為什麼經常聽到很多人說：「我都搞不清楚自己是誰了，我好迷惘。」剝奪力量的故事也限制你的信念，一個接著一個堆積起來，直到你忘了自己真正的模樣，忘了你在乎的是什麼。某些故事會讓你失去勇氣，導致你活在恐懼之中，有些則會鼓勵你勇敢向前。要找回真實的自己，唯一方法就是捨棄或重寫那些不再適合你的故事。

小學二年級的時候，有一天早上，在下課時間，我躲進廁所裡。當我試著要打開門鎖時，卻怎麼樣都打不開。我被鎖在裡面了！我聽到門外上課鐘聲響起，內心的恐懼不斷沸騰。其他同學都回去教室了，只剩下我一個人。我慌張地拍打著門，希望有人可以聽到我的呼喊，很可惜並沒有。過了難熬的幾分鐘後，我的老師和班上大多數的同學（包括男生們）已經站在廁所的門口，試圖要「救」我出去。

當我低著頭，淚流滿面走出廁所時，真的感覺丟臉到家了。我對自己說，把公共廁所的門上鎖是不安全的。那件事情發生過後很多年，我甚至不鎖廁所的門。

最近我和朋友在舊金山一家墨西哥餐廳裡，享受瑪格麗特雞尾酒時，忽然想要去廁所。過了十分鐘後，我還沒有回座，我的朋友開始懷疑發生了什麼事。沒錯！我又打不開廁所的門鎖了！我的焦慮感瞬間發作，只好從廁所門板的上方爬出去。

你告訴自己的故事有一定的影響力，可以讓你在未來好長的一段時間裡，始終帶著恐懼度日，也能讓你從容勇敢地去行動。

你就是寫下自己故事的作者。

我們選擇的故事

為了和你們分享這些內容，我在撰寫本書時，也花了不少心力重新整理自己的思緒，試著自我剖析。我不斷問自己一件事：「我是否有些戀父情結呢？是因為從來沒聽爸爸對我說過『我愛妳』嗎？」我開始回顧自己小的時候，回想那時是否發生哪些讓人挫敗的故事。

在長大的過程中，我沒聽過爸爸說他愛我——難道，這就表示他不愛我嗎？還是我不可愛？其實我可以自己決定，因為我是自己故事的作者。

我發現，與其認為爸爸沒有對我說過愛我，就認定自己沒有父愛，倒不如說他不擅用言語表達感受。我的爸爸是在十分艱苦的環境下長大的，他大概從來沒學過如何用言語表達他對別人的愛。我也選擇相信行動勝過言語（直到現在我還仍舊深信不已），爸爸的行動更勝過言語。

是不是只要否認一些事情，就能假裝自己能更快樂地接受一個「更好」版本的故事？我不這麼認為——不過，就算我是這麼想，一件事情也取決於你如何去定義。你是自己故事的作者。一個人的故事所能發揮出的影響力，不一定在於多真切，而在於價值。你的故事是否能帶給你滿滿的勇氣，幫助你成為更好的人？還是令你心生怨恨、鬱鬱寡歡、痛苦不堪？

我和爸爸之間有一段特別的回憶，讓我一直牢記在心。我選擇銘記和珍惜這件事，而非去記得其他微不足道的小事。

你的故事能決定未來的方向

大概十歲的時候，我上馬術課的馬場在星期六下午舉辦了一場馬術表演賽。身為最年輕也最資淺的騎士，我很興奮，也很緊張。

我沒有自己的馬，老師就讓我騎他的馬上場：那匹馬叫里斯可（Risiko），是一匹溫馴的棕色成年馬。

隨著時間逼近，我也愈來愈無法克制自己興奮和緊張的情緒。那天早上，我一早就起床，穿上白色的騎行褲，還有跟朋友借來的黑色西裝外套。爸媽開車載我去馬術學校。沒錯！爸爸也來看我表演了。

我和其他的參賽者走在賽場上，記住賽道和障礙物的順序，在比賽時才會記得要引導我們的馬如何走。當下我愈來愈緊張。

我騎著里斯可來到裁判桌的前面，等候著比賽開始的哨音。我雙腳輕輕夾了里斯可的肚子，牠開始朝第一個障礙飛奔。直到我們來到第四個障礙——一道寬闊的溝渠之前——一切都進行得很順利。我們全速往溝渠前進，里斯可卻在最後一刻改變心意，在溝渠之前緊急煞車。我整個人從里斯可的頭上飛過，重重摔到地上。

神奇的是，我沒有受傷。我起身拍去沾滿泥土的褲子，調整了一下頭盔，朝里斯可走去。里斯可用棕色大眼溫柔地看著我。我拉住繮繩，躍上馬背，再度嘗試了一次第四道障礙。

這一次里斯可完成了這道障礙，我們也完成了剩下的賽道。

那天的某個瞬間，卻永遠停留在我的心裡：我從賽場爬起來時，放眼望去，看到爸媽站在圍籬邊，爸爸的眼裡充滿了淚水。不是因為我摔下馬背而且終究完成了比賽；而是因為我重新站起來，他為我感到驕傲。

我從沒見過爸爸哭的樣子，那是多麼珍貴的一刻，我一輩子也忘不了。我決定相信我爸爸是愛我的，他為自己的女兒感到驕傲，即便他無法用言語表達。這個故事支持著我走到今天，讓我至今難以忘懷。

我也可以換另一個方法來詮釋這一幕。如果我選擇相信自己不被愛，可能在無形之中就會搞砸和男人之間的關係（我也確實有過）；或者，我認定自己不是一名好騎師，再也不參加比賽；還是，什麼都不要做來得更容易，再也不要嘗試舒適圈以外的任何事——因為當我做了，我就會摔得一塌糊塗。

你選擇要留下哪些故事呢？哪一些會增強你的勇氣？哪些又會拖住你？哪些會激勵你活得更精采？

你一直都有選擇權。

你只要在晚餐的餐桌上，聽聽朋友們的分享，就會發現他們之中有多少人堅持著沒有用的故事。

像我有個朋友，曾有一段糟糕的感情經歷，她認為自己一點都不值得被人珍惜。這種看輕自己的恐懼感控制了她的言行態度，當她遇見心儀的男生時就感到害怕，認為自己不配得到對方的愛和尊重。但是，她也可以選擇更宏觀地看待這些故事：上一段戀情沒能順利開花結果，是因為還有更棒的在等著她。

所以，為什麼覺察跟放下那些阻擋你過著夢想生活的故事，會這麼困難？

不管這些故事是讓你失去信心或增強勇氣，你都緊抓不放——那是因為這些事情確實填補了你的某些需求——或許是想要被關注、被重視、被傾聽、找到歸屬感，或者被愛。

如果這些故事都能滿足你的需求，你自然很難去改變。但，這就表示你一輩子都無法擺脫這個故事嗎？當然不是！你只要去找另一個故事來取代舊的故事就可以了——一個能讓你勇敢生活的故事。

當你重新檢視自己的故事時，請溫柔些。有些經歷和故事要花更長的時間、更多的心力，才能去篩選重寫。但這條路上，你並不孤單。

你絕對辦得到！

停不下來的小劇場

讓我們來聊聊一個常遇到的狀況——就是這些狀況拖住許多人，讓他們無法前進，無法擁有想要的結果，不能大膽活出自我——小劇場。我不是指一場遊戲或電影，而是人類過度反應或是放大某些事情的不理智行為。

為什麼我們會創造出小劇場呢？小劇場究竟有何作用？為什麼有些人如此喜愛沉迷於小劇場呢？

「小劇場」是從你講給自己聽的故事裡延伸出來的。無法激勵你的故事正是滋養小劇場的絕佳土壤。沒有了故事，也就不會有小劇場的誕生。為一些毫無意義的人事物而沮喪，而這都源自於你告訴自己的故事。這是一種根植於恐懼的行為模式。

對某些人來說，沉浸在小劇場中似乎比重寫他們的故事來得容易。不過，一旦意識到自己的行為模式，你就能選擇不一樣的應對態度。

小劇場通常是為了用來引起別人的注意力。當你獨自一人的時候，小劇場是發揮不了作用的；小劇場需要回應。假使沒有人回應，小劇場最終會消失。無論是蓬勃發展或是完全失控，一個人是搞不出小劇場的。

當別人開始演出不必要的小劇場時，你如何回應呢？你也會一下子就陷入劇情裡嗎？

如果你也加入他們的劇本，你其實就等於在鼓勵他們繼續演出更多的小劇場，就像是巴夫洛夫制約論（Pavlovian conditioning）那樣。你只要回應他們一次，保證就會有下一次。假設他們下回更加瘋狂地上演小劇場——你也要更快地回應他們嗎？

如果你發現自己一再被捲入小劇場裡，可能是因為這些小劇場也滿足了你的需求。或許你害怕不買帳就落得被冷落的下場。

如果你想要幫助某些人脫離他們的瘋狂小劇場，你可以禮貌回應，而非認同或批判他們誇張的行為模式。

你或許能鼓起勇氣，以行動（而非句子）告訴他們，要吸引你的注意力還有更好的方法。

人類的想法很複雜，要有一定程度的自覺才不會助長小劇場的發生。你想要怎麼回應每一種行為，完全操之在你。別把這些小劇場看成自己的事且隨之起舞，而是和他們保持距離，並試著了解他們小劇場及故事背後的原因。當你以勇氣和愛，而非恐懼的心態去回應，或許才是提水救火，而非提油。這麼做，你自然能解救他們脫離小劇場，而不是添加自己的故事然後被捲入其中。

所以，下一回你發現自己身處某個人的小劇場時，要注意你的回應方式。不要被對方影響，讓這一切快速掠過，就像溫暖夏日裡的暴風一樣。

以勇氣取代恐懼面對挑戰，能夠覺察自己，而非任憑不利於你的故事擺布，才能建立起沒有小劇場的人際關係，同時也能更了解彼此，更加成長、增加互動和深入的接觸，貼近彼此更真實的模樣。

或是試試這個方法：一頭栽進去，讓水自然流過——我稱之為「烏龜的智慧」。

倒楣雨

該是和你們介紹「倒楣雨」的時候了。

當一個人的行為動機是出於恐懼時，他們想要做的事往往就會失控，變成一場倒楣雨。這可不是說笑的！我來說幾個例子給你們聽聽。

當你辛苦工作一天下班回到家，另一半卻無緣無故對著你發脾氣，大吼大叫。你很困惑，不知道自己做錯了什麼，你用盡全力養家餬口，為什麼他們就是不能理解你的工作有多麼辛苦呢？

這是因為，你的另一半可能仍牢記著童年的故事——那時他們缺乏爸爸或媽媽的陪伴，把這件事和「不被愛」畫上等號。他們沒有去探索情緒的成因，而是用發脾氣、抓狂，向你表達了他們「害怕被遺棄」的心情。

或者，在你告訴父親即將要去巴塔哥尼亞（Patagonia）展開冒險之旅時，他對著你破口大罵。你不明白為什麼他不能為你開心。這也因為他的舉動是出於恐懼——他擔心你會遭遇不測。

怎麼回應這些情況呢？如果你能運用同理心，就能夠正確地回應他們。但如果同樣以恐懼的心態去應對，你的反應可能就變成了回擊。這時，兩道倒楣雨就會化成一道噁心的瀑布！

有時候，我們要讓自己和這些衝突的場景之間拉開一點距離，才有時間和空間去整理自己的想法，而不是立即產生反應。如此也才能以同理、愛和善良來回應對方。

轉化自己的經驗

當我告訴媽媽要騎摩托車沿著絲路冒險時，她很煩惱。即便我打從十幾歲開始就經歷過許多冒險，但這一次似乎是所有經驗之最。我們談了幾次都不是很順利——我心知肚明，她的反應是出於不安。

於是，我獲得了最壯觀的倒楣雨。我媽開始無意地數落起爸爸、哥哥和我——而這些事和我的冒險之旅毫無關連。她不是惡意的（我知道她是世界上最善良的人之一）。她的一舉一動，都是出於恐懼。

我含著淚水，提醒自己別把她的評論當一回事，要以理解和善意的態度回應她。我走進房裡，坐下來，冷靜幾分鐘，希望能擺脫她的話，免得自己也以負面的態度來回應她。剎那間，我覺得自己是世界上最糟糕的女兒。

我叮嚀自己，要以愛和勇氣去回應她的恐懼。我曉得她已經盡了最大的努力。我們都一樣。

老實說，我當時沒有意識到她的恐懼程度，直到我在旅途中收到一封訊息：「我很高興妳很平安，也享受這次的冒險。因為我無法忍受失去妳。」這時我才驚覺她有多害怕。她擔心唯一的女兒無法從這趟旅途中平安歸來。當我看到這封訊息時，就像被重擊了一拳，我自責沒有察覺她的痛苦。我覺得自己很自私。明知道眼前危險重重，我也從未想過自己可能回不了家。

你不能用父母寫的劇本過日子，你必須寫下自己的故事，這——需要勇氣。

在我平安回到家時，我告訴她，這是我印象最深刻、感到最不可思議的一趟旅程。她會心一笑，說：「每回冒險結束，妳都這麼說。」的確如此，每回我都等不及展開下一趟的旅程。

當你也面臨了人生裡的倒楣雨時，絕對不要把這種經驗看成是挫敗的故事。記住，你是自己故事的作者，你有力量轉化這些故事。

轉變與循環

如果我們想活得更加勇敢自信，故事將會有更巨大的影響力。因為當我們不斷重複一個念頭或述說一個故事，這些力量可以轉成信念，進而影響你的作為。你的作為養成你的習慣，習慣能決定你的結局。這也解釋了「寫自己的故事」有多麼重要：因為這將能創造你的信念、習慣和結局。

你是創造自己故事的人。你的想法擁有無窮的力量，你可以選擇任何想要的故事和信念。

這種轉變與循環是一個過程，能幫助你挖掘阻礙前進的故事版本，建立起自己的信念，繼續支持你邁向勇氣之旅。要打造出自己的信念系統，需要付出時間和心力，但這一切絕對值得。

以下，就是能轉變你個人故事的三個步驟：

1 觀察想法

自我覺察——是改變故事、信念和習慣的第一步。

當個觀察員。仔細觀察你的想法、故事和信念。留意掠過你心中的念頭。只要你專注觀察自己的想法，必定會留意到特定模式。例如：你可能會發現，每當你有機會在專業領域更上一層樓時，你的選擇是打安全牌。

你也可能會發現，原來你對待自己比對最差勁的敵人更刻薄；或是每次有機會能挺身而出去冒險，你卻因為害怕失敗而打退堂鼓。還有，無論你總是把事情處理得多麼好，你還是會忍不住質疑自己的工作表現。留心每個出現的想法，不要評論，只要觀察。

我並不是要告訴你什麼魔法，像是親吻一下青蛙，青蛙就會變成王子。這是關於自我覺察：覺察自己的故事，並且決定是否要有意識地去改變。

同樣地，去覺察你正在撰寫的新故事。你對自己的經驗下了什麼樣的定義？生活裡的時時刻刻都在發生許多事件，在每個轉折點，你都可以選擇自己的故事版本。

你要選擇哪一個呢？

2 重寫故事

一旦你意識到自己正在講述的故事，就是該重寫其中部分內容的時候了——以故事來滋養你的心靈，支持你變得更勇敢。

不過，首先讓我們確認一下，你真的有足夠的動力去重寫某些故事。問問你自己：「我真的想改變這個故事嗎？或者只是想要安慰或滿足自己的需求而已？」最常見的就是，你的故事或許能滿足部分需求，同時也阻擋了你向前一步，活得更勇敢。

如果你沒有百分之百確信自己想要說出某個故事，重寫的機會便微乎其微。若是你的某些故事是用來滿足核心的需求——例如被愛——要改變故事更是難上加難。

去找出另一種方法讓自己感到被愛，你就能把從前的故事拋在腦後。

例如，你的某個故事是因為你需要愛和關注，所以又充滿了各種小劇場（因為這就是過去你用來引起父母注意力的方式），你能不能想出更有意義的方法來滿足同樣的需求呢？

每年年初，我都會拿起我的日記，寫下所有我想要執行或放棄的信念。

我最近記下的一些信念是：

- 無論發生任何事，我都會保持開放的態度。
- 一般來說，人的出發點都是良善的。
- 我是一個能把各種情況轉向正面發展的煉金師。
- 我的適應能力強，無論眼前迎來什麼樣的挑戰，都能從容不迫地應對。
- 我相信宇宙永遠支持我。

所以，與其責怪你的父母犯錯，倒不如抱著「他們已經盡了最大努力」的信念，增強自己的能力。那些一直操控你人生的故事，你都能選擇重寫。

有些經歷可能非常艱難，甚至留下深刻的傷口和疤痕。請溫柔且有耐心地對待自己，一步一步來；有需要時，可以尋求治療師或親近朋友的幫忙。

我有時也會在冥想開始之前，在腦海裡複誦自己的信念。你也可以用小卡片寫下你的信念，睡前讀一次。找個方法提醒自己新的信念，無論是在腦海裡複誦、在睡前讀卡片，或是貼在鏡子上。只要是你覺得適合自己的方式，就是完美的方式。

也要不時留意那些你決定不再多想的故事，因為他們可能會時不時跑出來測試你。

3 貫徹行動

一旦徹底明白了自己選擇的故事和信念，你需要透過執行與行動來滋養它們。你不能只是想像信念，希望魔法會發生在自己身上。你必須確實採取行動，很多的行動！

舉例來說，你堅信自己有勇氣在這個世界上發揮龐大的影響力，現在就設法在別人的生活中產生微小的影響。留下溫柔的小紙條給你愛的人、幫別人泡杯茶、主動在工作上協助同事、送花給某人，或是隨手撿起垃圾。用一個小習慣創造出如漣漪般的影響力。

持續且重複的行動，有助於你發展出新的信念，這些信念會成為你的習慣。以這些有力的故事和信念做為基礎，這些新建立的習慣，能讓你每天都能挖掘更多勇氣，最後引導你走向渴望的結果。

旅途中的旋律

試著按下列信念開始行動，或是創造出屬於你的信念：

- 我的故事，我自己寫。
- 我的想法和信念會支持我。
- 我勇敢而無悔地生活。

補給站：打造信念系統

是開始積極打造信念系統的時候了。寫下你想執行的每一個新信念，可以是關於你自己，或與身邊周遭事物相關的信念。讓我舉幾個增強信念的例子，你就知道如何開始：

- 我有勇氣在世界上發揮強大的影響力。
- 基本上，大家都希望我能成功，並為我的成就共同努力。
- 我就是自己故事的作者。
- 我的信念都是為了支持自己活得更勇敢。
- 我是個豐盈富足的人，也能吸引到更多豐盈的機會洶湧而來。

・我的朋友都是超棒的人，我們總是互相支持對方。

・我時時以善意回應他人。

重寫你的故事和信念，留意你的行動、習慣，和隨之改變的結果。

旅行日誌

這裡有幾個問題，讓你在邁向勇氣的路上能思考一下：

・你的故事如何影響你？有幫助你活得更勇敢嗎？還是會拖住你前進的腳步？

・你告訴自己什麼樣的故事，阻擋了自己活得更勇敢呢？

・幾週以後，觀察你的想法、信念和態度，寫下不適合自己的所有故事。

・詢問你最親近的朋友，是否注意到任何你可以改進的地方。

＊出生於一九三四年，美國知名作家，以小說作品《奇想之年》（*The Year of Magical Thinking*）獲得二〇〇五年美國國家圖書獎。

拒絕迎合他人，

面對真實的自我。

第二章

真誠

當你能真誠面對自己的初心，並為此自豪，你就不必活在他人的期待裡；你與自己的心意合一，能活得更加勇敢；你不怕挺身而出，也不怕與眾不同；你覺得安心，因為你活出自己真實的樣貌且仍然被愛——包括不完美、卻是全部的自己。

同時，當你能堅守真實的自我，即使自己的意見與他人不同，也將會勇敢且不帶批判地尊重他人給予你的意見。

真實的想法

了解並重視自己真實的想法，能幫助你挖掘心中的勇氣；因為你的任何決定或行動，都不會再被外界的雜音或不適合你的故事版本所干擾。

要如何找出並擁抱自己真實的一面呢？讓我們開始來確立你生命中真正重要的事——你的核心價值。

「當你知道自己的價值觀是什麼，下決定就不難了。」

——洛伊・迪士尼（Roy Disney）*

什麼事情會讓你的內心感到由衷的快樂，這就是所謂的「價值」。

「價值觀」就像是內在密碼，引導你依循心中的真理面對世界。當你了解自己的價值觀，並以此行事，你會重視自己，也能靜下心接納真實的自己和未來的方向。你會感到某種程度的解脫，即便心中仍懷著恐懼，最終還是願意邁向勇氣的道路。如果你在人生、工作或是關係選擇上感到停滯或不滿，可能正是因為你沒有依循心中的價值觀生活。

釐清自己的價值觀

當你能擁抱自己的價值觀，要做出困難的或勇敢的決定就會變得容易許多。讓我分享幾個例子。

我最看重的一件事是自由，為了忠於自己，任何讓我感到像雙翼被束縛的協議，我都會選擇避開。無論做什麼事，我都需要自由的空間，否則我可能會覺得有點壯志未酬，無法徹底按真我行事。

愛與信任，這兩件事對我來說也非常重要。如果我無法信任自己和身邊最親近的人，無法給予或得到足夠的愛，那麼我也無法依循己心而活。我必須得做出改變，才能讓一切再回歸正軌。

釐清自己的價值觀，你才能有足夠信心做出勇敢的決定，而非在心裡感到糾結或背叛了自己。你能夠以信念、勇氣和善意為堅信的事挺身而出，你的行動也將會啟發其他人一同這麼做。

認識真實的自己，指的是了解自己的本性——不是指你做了哪些事或擁有了什麼，而是你真實的樣子。頭銜、名聲和財產都不等於你，這些或許能支持你擁有想要的生活，卻無法定義你是誰。

你的真實樣貌，只能由你自己定義。就像內建在你腦海裡的軟體。這也是為什麼沒有必要去改變他人符合你的需求。你愛的人們也有他們自己的樣貌。就像一條鬆緊帶，如果硬是往兩個不同的方向拉扯，還是會彈回來的。

堅持真正的模樣

一旦你了解自己真正的想法，請勇敢地以此為榮並繼續堅持下去——即便當你覺得放棄比較容易。

當你能依隨己心地過生活，活出勇敢就會彷彿成為本能，是再自然不過的事；因為你胸襟磊落，像是回到家一樣輕鬆。你的決定會變得更加明快堅決，因為與你的核心價值一致。你選擇的生活原則會主導你的行動，而不再受到恐懼的左右。

擁有清晰明確的價值觀，當他人對你施壓去符合他們的價值觀或標準（無論是有意或無意）行事，你也會更有勇氣堅持自己的原則。

活出真實的自己

如何知道自己是否依循真心行事呢？以下情況能讓你明白，是否活出自己：

- 不再介意他人的期待。
- 不會因為想要改變事情的結果而失去自己的價值觀。
- 你感到身心平衡，心神合一。
- 你尊重他人原本的樣子，而非試圖改變他們以符合自己的需求。
- 你不需要、不尋求外界的肯定。
- 你感到無比踏實，因為你正走在對的路上。
- 即便冒著有些人不接納的風險，你也不怕分享自己的想法。
- 你不會以自己擁有、所做的一切來定義自己，你清楚明白自己的價值。

．任何情況下，你幾乎都能感到滿足和平靜。
．你不會因為害怕不被愛或者自己不夠好，就放棄原本的自己。
．對於正確的事，你會站出來並發聲相挺。

無所畏懼地做自己——最好的你——需要勇氣！真誠會支持你勇敢地活出最好的自己。

尊敬自己和他人

當你依循真心生活，你就會有勇氣尊重他人。你也會懂得尊重、珍視及認同他人，即使他們的價值觀與你完全不同。換句話說，你可以和某人意見相左，卻仍尊重對方。

尊重自己及他人，意味著不帶批判的接納，擁抱自己和他人的缺點，忠於原本自己的同時，也讓他人做自己。

讓你無法做到尊重自己和他人的最大阻礙，是恐懼。你害怕不被愛，害怕被批評，怕自己不夠優秀、不夠有價值，更怕自己被孤立。

舉例來說，當你害怕自己不被愛，很可能就會為了獲得愛而在自己的價值觀做出妥協，或依他人的需求行事。然而，讓別人支配你的想法是難以長久持續下去的，更無法滿足你的需求，遲早有一天，你仍會感到怨恨不平。或者發現自己最後陷入一種處境：無法完全依隨己心，最終只感到失落。記得：當你重視自己，你才能獲得真正的愛。

當你不重視自己和心中的想法，你也正在摧毀自己的勇氣；如果連你都不重視自己，別人也不會把你當回事！

我的一個朋友最近開始約會，她在吸引她的男人身上看到一個有趣的變化，起因正是她堅持做自己。

一開始，她掙扎著該不該忠於自我，因為過往的經驗讓她擔心這麼做並不值得。她的恐懼在下意識主導了她，她會發出不符心意的訊息去回應對方，只為了讓對方喜歡自己。違背真實想法不只讓自己失去原則，更會吸引到那些喜歡「偽裝版」的男人；他們喜歡的不是最真實而美好的她。

於是，她開始努力找回自我，重視自己，不再只為了討好他人而漠視自己的價值、需求和信念。這個微妙的調整，改變了她吸引的男人類型。她不只開始吸引到匹配她的男人，同時也吸引到那些和她一樣表現真實自我、尊重自己與他人的男人。因為做真正的自己，她找到的男人也同樣愛那個真實的她。

一個能堅守信念且毫無畏懼擁抱真我的人，會讓人瘋狂著迷。想像一下，一個充滿熱情、相信自己、舒服自在的人，他們知道沒有什麼需要隱藏，這樣的人才能活得腳踏實地。這些人散發出的魅力會讓你深深墜入，即便你不認同他們的觀點，也同樣會被他們的魅力吸引。活出自我，就能展現出絕對的能量。

現在，想像另一種人。一個沒有自我價值、言行充滿矛盾的人。這個人或許會讓人覺得不真誠，又或者當你和他們互動時，可能會感到不太對勁。你也會發現，自己很難完全信任這類人。

尊重自己，擁抱真實的自己，你就會吸引到同樣的人來到你的生命裡——那些都是與你站在同一陣線，而不是只想改變你的人。當你接納最真實的自己，遵從心中的價值觀，身邊自然會圍繞著愛你且尊重你真實模樣的人們，而不是只能看見你外在或表面的人。

如果你真的不同意某些人的觀點時，該怎麼辦？或者，有人不尊重你真正的想法呢？你仍舊可以尊重他們的想法嗎？

「尊重」不代表認同每一件事、每一個人。事實上，當你忠於自己時，很多時候都無法做到這一點。

在很多情況下，你可以選擇採取低姿態、讓恐懼左右你——也包含不尊重的態度——或者，你也可以選擇更讓人敬佩且尊重的態度來回應對方。「尊重」是指面對你不認同的人，仍以尊敬的態度回應；「尊重」來自於愛，能帶來勇氣。不尊重則源自於恐懼感。

這是考驗你勇氣界線的時候。你可以面對接納真實的自我，也尊重那些你並不認同的對象——即便他們的意見讓你吃驚——但你願意對他們表示尊重，並且認同他們所選擇的道路。你無需表現出輕視或無禮的樣子。能在沒有人身攻擊的情況下彼此討論，事情才能更有成效。

理解與包容

求學期間，我曾有機會在南非的瑞士大使館進行一項經濟研究的專案。我在普勒托利亞（Pretoria）當地一間離住處不遠的體育館打壁球，遇見一位俊俏的男士約我去吃晚餐。晚餐很棒，但這位男士卻給了我一些意外的「驚喜」。他發表了一些種族歧視的言論，令我感到非常不舒服。我不是容易感到震驚的人，但此時，我和一位聰明、風趣、和善的男人共進晚餐——這個男人由於他的教養歷程，竟然養成了這些讓人難以置信的種族歧視觀點。

如果說有什麼事讓我最難以忍受，那就是種族歧視。面對種族歧視，我花了許多心力，提醒自己「我忠於自己的想法，也尊重他人」，並對他人保持禮貌。最差勁的回應方式，應該是不去聽、批判、不理會他，並且一走了之——這麼做對我們兩個來說都沒好處。相反的，我竭盡所能，保持開放的態度，理解他的觀點，結果是，我們能夠盡情討論他這些想法的起因，我也學到一些新的想法（以及婉轉回絕下一次的約會）。

不久之前，我再度面臨同樣的考驗。

那時我們才剛越過邊境，進入哈薩克不久，即將邁向絲路之旅的最終站——我的車「喬治王」（King Giorgio）又爆胎了。我把車子停在路邊，一名俄國騎士和他的女友停下來伸出援手。弗拉迪米爾（Vladimir）傾盡心力協助我，所以我們決定當晚一起在阿拉木圖喝杯伏特加。

當弗拉迪米爾和斯文特拉娜（Svetlana）走進酒吧時，他用「希勒特萬歲！」向我打招呼。我以為我聽錯了，後來發覺我沒聽錯——因為他很驕傲地秀出胸前納粹黨的符號刺青，宣告他是納粹的一份子。在生活中，我頭一次面臨如此讓我無言以對的情況。

我做了個深呼吸，沒有發怒、表現出嫌惡或是批判態度（我並沒有完全做到，因為當時完全已經下了判斷），反而提醒自己保持好奇心，不要無禮。弗拉迪開始分享他如何在一個支持納粹和共產主義的祖父母家庭裡成長，原來他的種族主義信仰就是這麼來的。

這次的機會正好是一個很棒的例子，說明我們可以如何在很短的時間裡，轉換對一個人的感覺。正如同當時的我，車子在路邊拋錨了，遇上一位騎士熱心幫助我而認為他是一位善良的人。幾個小時後因為聽見他關於種族主義的想法，就在心裡開始批評他，可能因此就失去了開啟後來交流與對話的機會（即便我不認同他的理念）。

忠於自我，能賦予你勇氣尊重他人，即便你不認同或不理解遇到的人、情況或是觀點，仍舊會對他人展現尊敬和重視的態度，但也可以選擇不再和對方繼續相處。

如果你心裡挾帶了恐懼，就會輕而易舉根據自己的評判或是結論行事，錯失讓自己從不同觀點獲取轉變或得到教訓的機會。

即使面對他人的不尊重，你也可以選擇用善良和尊敬來回應。當你這麼做的時候，其他人也會跟進。

我深信，如果我們能調整回應方式，採用更高的層次，以尊重的態度回應對方，而非遇到批評或意見就立即反應，我們的社會也將更進步。我們能更和諧地相處，彼此尊重，不會試圖強迫任何人遵循自己的信念。當你保持開闊的胸襟，以嘗試理解他人的態度取代批判，所有人也都將獲益。

Namaste！

靈魂的致意

我曾經坐在瑜伽教室裡，發現自己很難輕聲說出 namaste，因為我感到一陣虛偽，而且我只想維持最後大休息的姿勢，平躺在地板上。我不是什麼印度專家，我只是一個穿著運動服的白人女孩，為什麼一定要說出一個自己都難以理解的話語？直到我在尼泊爾騎車經過喜馬拉雅山時，我才意識到自己過去多麼輕率就下了評論，而且還發現了 namaste 的真諦。

Namaste 在尼泊爾是標準的問候方式，美好得難以言喻，而且與真實自我的原則息息相關。當有人經過身旁時，尼泊爾人會停下一切正在進行的事情，雙手合十，眼睛看著對方，然後說 namaste。就是這個美妙的瞬間，人與人之間全神貫注的幾秒鐘，彼此完成了交流和單純的相遇。

Namaste 在梵文中的意思，大致上可以翻成「我內心的靈魂向你的靈魂致意」；或者，也可解釋成「不只向你的真誠致敬，也向其他人的真誠致敬」。

這正是「尊重」的意義：尊重別人的真實想法，也不輕易放棄自己的原則。尊重是指敬愛每個人，因為我們所有人的本質都是一樣。哦！我想我說得太抽象了，現在來談談傳教士吧！

有禮貌的拒絕

我記得，從小時候開始，我就會反抗某些對我而言沒道理的行為。我一直難以理解和接受某些傳教士的傳道方法。我認為，他們經常試著強加自己的信仰理念在他人身上，既不在乎也不尊重他人幾百年來的信仰。即便我打從心底不認同這樣的做法，但不表示我就可以輕視這些傳教士們。無論我是否認同，他們確實是少數為自己的真實信念而活，並且挺身而出的人。

不認同別人的意見很正常，但你可以用得體的方式說出自己的想法，而不是表現出不屑或是批判的態度。

這倒讓我想起一個完全接納真實信念的青少年。

有一回，在黑海附近的一個土耳其小村莊，我坐在一家賣沙威瑪的店門口，遇見了少年阿西爾（Asil）。他是店老闆的弟弟，靠著不流利的英語和Google翻譯，阿西爾對我們的冒險之旅、文化和宗教信仰提出了許多問題。我知道他是十分虔誠的穆斯林教徒，所以我語帶保留地表示我不信教。我不想說謊，所以才分享了我的想法。

他以包容和尊重的態度回應我，認同我的觀點，也沒有隱藏自己的真實想法。他沒有批判我，只是和我分享了他的信仰；甚至還邀我去騎他引以為傲的新腳踏車，我也開心地這麼做了。

他以尊重的態度認同我的觀點，同時也不貶低自己的價值觀，讓我很感動。

五種陷阱行為

生活中有各種陷阱，可能會挑戰你捍衛自我的決心。讓我們來檢視一下會讓你遠離真實自我的五種行為。一旦你能察覺到這些跡象，就能更容易避開。

1 權力

權力很容易使人迷失自我。某些人會表現出這樣的行為，是他們相信自己本來就擁有某些特權——往往會傷及他人或是周遭的人事物。而這些行為常會伴隨著一定程度的傲慢、無知和蔑視心態。

最明顯的例子就是：對大自然毫無敬意、任意污染我們的環境；或是自覺社會地位高人一等、對他人無禮，像是因為啤酒不夠冰涼就責罵服務生；獵殺野生動物，還拿著戰利品拍照放在社群媒體；缺水時期還每天澆灌綠油油的草皮。

濫用權力只會讓你離真實的自己愈來愈遠。其實，這種行為可能是出於恐懼感，害怕自己不夠完美或害怕自己沒受到關注。

2 無知

無知是權力的最佳夥伴！兩者彼此相互支持與茁壯。無知即是缺乏知識或是自覺，導致對許多事物視而不見。例如：沒有脱鞋就進入佛寺，就是欠缺異國文化意識的行為，這就是無知。或是你抗拒科學知識、否認地球暖化現象正在上演，或是對權威言論不加思索而全盤接受——也一樣無知。

想要避免無知的行為，變得更有覺知，就要試著去理解。多多提問吧！這麼做就能將知識的不足扭轉成自我學習與成長的機會。愈是抱著開放的態度，你就愈能進化成最棒的自己，不再陷入因恐懼帶來的無知。

當你能勇敢地面對真實的自我，就更有機會去深思各種相異的立場與意見，而不是只用批判或不尊重的態度去面對事情。

無知絕對不是福！

3 疑神疑鬼

不要疑神疑鬼！害怕他人討厭或不愛自己，只會造成你將他人的行為全部解讀成針對你而來。你可以選擇不要和他們扯上關係，如此才能讓你面對真實的自我，同時尊重他們的想法，而非感到不安或害怕。

舉例來說，如果你的另一半對你說需要空間，你可以選擇相信對方這麼做是不愛你或是拒你於門外。但是，很有可能，你的另一半其實也只是需要多一點的空間罷了！聆聽、關注、尊重你們彼此的想法，你就能克服自己的疑心。

假設你最好的朋友正試著度過一段艱難的時光，他現在無法打起精神來面對一切，這就是他面對痛苦的方式。但，這樣就表示他不想再和你當朋友了嗎？當然不是。或許只是你們面對困難的方式不同，你就對他的行為產生錯誤的註解。不要亂做假設，更別把這些事看做是你的問題。

如果你身處恐懼之中，可能會傾向把每件事情的起因都導向自己。有了勇氣，你會尊重並認同別人的需求，即便你無法理解他們。

4 不知感恩

對環境、人和時間毫無感激之情——和過往相較，現在這種情況似乎見怪不怪了。

大家對於浪費時間和事物習以為常，彷彿成為一種例行公事。不斷追求多一點、再多，甚至還要更多，但最後只發現得到更多並不代表就能貼近真實的自我，也不會讓你更快樂，反而容易迷失在這樣的循環之中。

記住，有空時不妨停下腳步，去感受一下花的香氣吧。感恩和欣賞的態度能幫助你回歸自我，這通常無法在物質中獲得。每天練習感恩就好比是一個補給站，能滋養你的心靈，幫助你專注於真正重要的事物。這個簡單的練習能帶領你更貼近真正的自己，並進一步邁向勇氣之路。

5 舉棋不定

無法堅持自己，不了解自己，結果通常是舉棋不定的態度，隨之而來的就是不安、恐懼和遲疑。搖擺不定真的不太吸引人！

當你的想法、決定和行為都一致，就能為自己建立起強大的內在基礎。當你搖擺不定，你的內心就會跟著動搖，開始懷疑自己，這就是恐懼的起源。

堅定你最真實的信念，採取一致的行動。

勇氣熱愛與一致為伴。

旅途中的旋律

該來點音樂了！以下有幾個旋律讓你可以反覆練習。

- 我忠於自己，始終如一。
- 我因為展現真實的自我而被愛。
- 我尊敬且重視他人原本的樣貌。

補給站：定義你的價值

請問自己下列問題：

- 對我而言，生命中重要的事物是什麼？
- 什麼事情能讓我開心？
- 什麼事情能讓我感到滿足？

寫下任何你想到的內容，最後精簡成三到五項你絕不妥協的價值信念。當中可能包括：勇氣、真誠、尊重、樂趣、友誼、愛情、感恩、成長、慷慨、熱情、和平、健康、活力、智慧和好奇心。

花點時間，思考你的人生和真正滿足你的事物，然後寫下浮現在你心中的想法。一旦知道什麼事情能讓你快樂，你會更有自覺地忠於自己的想法。

旅行日誌

拿起你的勇氣地圖，寫下對下列問題的看法：

- 你最在乎的是什麼？什麼事會讓你開心？

・你認同什麼事情？
・你反對什麼事情？
・在你生命中，有沒有讓你覺得違背自己初衷的時刻？
・如果能勇敢朝自我更邁進一步，那會是什麼事呢？
・你認為在什麼情況下，尊重他人真實的想法很困難？
・要怎麼做才能更尊重他人？

＊出生於一八九三年，華特・迪士尼（Walt Disney）的第三個哥哥，與他共同創辦華特迪士尼公司並擔任首屆執行長，是迪士尼世界的幕後推手之一。

決定何去何從，

才能走得更快更遠。

第三章

創造動機

動機就是萬事的起始。無論你是在早上帶著笑臉起床、買一份貼心禮物送給某人，或是決定勇敢過生活——你所做的每件事，都是從一個念頭開始。「動機」能主導你的行動，支持你在人生旅途上勇敢前行。「動機」是將念頭裝上導航。想要活得更勇敢的渴望，就是從「動機」開始並付諸行動。想要勇敢生活，就要先選擇冒險的旅程。

決定你的旅程

你可以將生活想像成一趟公路旅行。你的願景是最終的目的地，也是你前進的地方。你的價值觀就是指南針，能指引出面臨十字路口時該去的方向。你的「動機」將會展現在旅行風格上，決定你要跳躍、追趕、攀爬、騎車、開車、溜冰或是游泳。你的行動就是你選擇的路徑。

以你的價值觀做為指引，讓你的決定能符合真正的心意。記住：你在上一篇章節中所依循的價值觀，是為了在本章支持你繼續做出與內心一致的「真正」行動。當你來到旅途中的交叉路口時，幫助你決定方向。

下一步，選擇你的交通工具或旅行的方式，也就是你的動機。你的動機始於你的價值觀，如果你的動機和價值觀不協調，你的行為也會失去準則。就像穿著比基尼泳裝登聖母峰，或是穿著滑雪裝備去衝浪一樣。

你的動機決定你在世界上會成為什麼樣的人。你可能會選擇做個善良的人、充滿好奇心的人，或是勇敢的人，或者以上皆是。

讓我們來看看，這些想法是如何結合在一起。

我之前曾分享過，我最看重的價值之一是愛——不光是浪漫的愛情，而是對所有人無條件的愛。基於這個核心的價值觀，我生活裡的主要意向之一是「以開放的心胸生活」。當我經歷某些讓我想關閉心門的事情時，必須不斷提醒自己這個念頭。支持我的信任價值觀的另一個念頭是：「放寬心，每件事的發生都有其意義」。

想要活出什麼樣的態度？你自己決定。

「動機是孕育一切改變的推手。」

——阿希吉・納斯卡（Abhijit Naskar）*

展現自我

基本上，設定意向是為了開啟你的能量，選擇你想要的生活方式。你的意向和動機，會激發你的行為模式。

就像你閱讀這本書，其中一個原因，很可能就是想要活得更勇敢。這就會引導你開始行動，例如設計自己的勇氣地圖，以及學著運用本書裡的方法。

每一年的年初，我會寫下想做的事，藉此釐清想展現出的生活態度。內容可能包含「我想要繼續勇敢地保持開放的心胸」、「我一定會以友善的態度回應別人」、「我要優雅地過日子」或是「我要運用自身的資源發揮影響力」。

花點時間問自己：想要如何展現自我？並寫下你的想法。接著，當你開始行動、朝自己的願景前進時，記得把這個想法持續放在心上。當你感到迷失方向，提醒自己記住初衷，修正路徑，再重回原本的路。如此一來，你就能忠於真實自我，勇敢前行。

動機和意向，不僅主導了你的旅行方式，還具有不可思議的能量。當你的內心迷失方向，你或許會感到混亂、困惑或是不知所措。這時，意向會幫助你匯集心神，設定步調，影響你的思考、行動和結局。

動機和意向也具備能量，在極度細小微妙之處影響你周邊的人。例如，「永保開放的心胸」這樣的想法，一直深刻影響著我。其實這真的很難！每當我想闔上心門時都不忘提醒自己，要鼓起勇氣去面對世界——即使可能會受傷。感謝擁有這樣想法的自己，我的冒險之旅才會如此多采多姿，人生每個階段都如此豐富，我的人際關係也才能更深入緊密。

記得我和麥克從土耳其邊境進入喬治亞的那一晚，天空下著雨，我們渾身濕透，又累又餓。當我們抵達提早在網路上預定好的公寓時，竟然沒有人幫忙開門讓我們進去。當下我感到內心的不耐煩指數上升——這種情況並不常見。我的肚子咕咕叫，餓得發出抗議聲，於是我走進對面的超市，想買點吃的東西，一邊想著今晚要睡在哪裡。

即便「保持開放的心胸」是我的原則，當晚我卻感到十分沮喪。我知道自己心情不佳，也不想跟別人講話。不過，觀察超市店員與我應對的方式卻是件有趣的事。我的不耐煩可能會隨時爆發，卻仍試著展現最棒的微笑去吸引她的注意力。她忙著在手機上打字，也不忘招呼走進店裡的我。在平日情況裡，我通常會覺得受尊重及歡迎，但在當下，因為我心情糟透了，也感受不到別人的心意，所以我只是空手走回下著雨的街道。後來我的心情變得好一點，才想起那位店員是多麼友善。

你改變了心境，周遭的人也會跟著改變。抱持著這種想法，你就可以有意識的將心力投入思考和行動之中。

我偶爾會聽到別人說「她搶了我的風采」或是「他讓我失去了理智」。沒有人可以搶走你的風采！你有你自己的魅力。生命的歷程或許不會一直像走在公園裡的道路般平順，但請相信自己，你有能力展現出你想要的風采。

選擇你的意向

該是選擇意向的時候了。但是，我們先來看看「目標」和「意向」兩者之間的不同，因為兩者看起來非常相似。

最大的差異是，意向和目標不同，後者比較像被「完成」的事。前者比較像是生活方式，會影響你選擇的交通工具、冒險途中想聽的音樂。「意向」會支持你達成目標，讓你享受屬於自己的旅行節奏。

你可以針對目的隨時轉換發展自己的意向，就像你可以隨時改變想要聽什麼音樂。意向是流動的，你可以經常修正調整；意向也不是線性的，與「目標」不同，無法預期特定的結果。例如你可以將意向決定為「開放的心胸」，你知道結果將會是正向的，但你無法確切知道結果會如何或是何時發生。

舉例來說，你可能設定了一個目標，要在年底前開發新業務。為了達成這個目標，你的意向可能是保持開放態度，專注學習，並且在過程中保持靈活和調整心態。

或者，你也可能定下了一個目標是和另一半建立最緊密滿意的關係，你的意向就會是以適合彼此的步調、對自我的坦誠、始終發自內心分享和無條件的愛等方式。

立下一個意向，去執行，然後觀察會發生什麼事——無需批判或是執著。

決定你的動機和意向吧——支持你活出勇敢的意向！

1 挑選你的方式

首先，在選擇意向時先問自己：「我想要怎麼做？我的做事風格是什麼？我想要如何朝目標前進？」就好比是你希望的派對風格，你可以用積極的方式去勾勒主題。例如「我想要變勇敢」而不是「我試著不那麼膽小」；或是「我很善良」而非「我不想做個自私的人」。勇氣所激發出的意念遠比恐懼更強大、更持久。

花一點時間記錄下來，你想成為什麼樣的人？如何展現？還要記住一點：「我要活得更勇敢」。

2 推自己一把，只要一點點就好

因為你知道自己辦得到，也想要變得更勇敢，所以才讀了這本書。你有能力執行書中的內容，並且勇敢過生活。

當你設定好要往哪個方向前進，就給自己一點動力吧。你會明白自己因為內在缺乏刺激而安逸太久。當你有了前進的目標，你會感到精神振奮，擁有無限可能。

當然，你也希望自己想做的事都能實際可行，這樣才有實現的可能。

你一定要相信自己辦得到！有了信念，你就能達成目標；如果你仍懷疑自己，那就重新再寫下關於信念的故事（回到本書的第一章），然後重新開始，直到相信自己為止。接著，全心全意，擁抱自己的信念！

當你能更加自在地面對自己要走的路時，請記得，你隨時都能調整方式，變換不同的方向。

3 價值觀

你的意向必須與價值觀一致，才能支持你朝目標前進。你的價值觀、遠景、意向，共生共存，就像一幅美麗的藝術品，由不同的元素組合而成，最終才能創造出令人嘆為觀止的作品。

舉例來說：如果你最在乎的其中一件事是誠實，那麼「忠於自我，對自己和他人誠實」就與你的觀念一致。相反的，「為了保護自己和他人，我選擇隱藏真相」，這樣的想法就悖離了你的價值觀，你無法活得踏實勇敢。

回顧你所寫下的價值觀，做出與價值觀相符的計畫，繼續前進吧。

4 調整心態

最後，也是最重要的一件事，你要確認自己想走的路是因為你具備了勇氣，而不是因為恐懼。

凌亂和充滿恐懼的思緒會讓你陷入不確定感，同時反應在你的作為上。所以，在你決定好出發的方向時，務必要先穩定自己的思緒，不管是透過打坐、點一盞蠟燭、聽你最愛的音樂、在戶外散步，或是小酌一杯都好。

當你處於放鬆的狀態之下，請相信接下來所發生的事。你必須決定想走的路，不受另一半、專家或是其他人的操縱或影響。

你能決定自己的方向。

準備啟程

當你確立了自己的意向，就是該揚帆出發的時候了！航程會一路平順，直到刮起逆風的那一瞬間，你只要調整一下風帆並修改航線。這也是旅途的有趣之處。當逆風向你襲來，該如何應對？你可以告訴自己：「我有足夠的適應力，也能順應生命之流。」

在絲路重機之旅的旅程中，我們對於接下來的行程都有大致的規畫。但是在大部分的日子裡，還是得因為各種突發狀況變更原定的行程。騎車穿越伊朗一直是我最大的夢想之一，但那時經過亞美尼亞的邊境進入伊朗時，還是因為無法掌控的因素而打亂了我們的路線。

對我而言，最好的意向之一，就是順從內心渴望，卻仍輕鬆以對。所以當事情發展不如預期時，我不會糾結在其中，反而會試著在逆境時往好的方向去想。

「無條件」的意義

我一直都對「無條件」的概念感到非常好奇。而我一直都想做的其中一件事正是：以無條件的心態來看待生命中的所有事物。

愛是最明顯的例子。但還有其他的像是：無條件的慷慨、無條件的友善、無條件的理解他人。

所謂的「無條件」是指，鼓起勇氣，讓自己的選擇和行為不受外在環境左右。「無條件」是不帶有任何「如果」，例如：「如果你愛我，我也會愛你」、「如果這麼做很簡單，我就會勇敢」，或是「如果你這麼做，我也會跟著做」。「無條件」是指，不管他人的行為態度如何，都要回歸初衷並以此行事。

「無條件」也意味著，你會努力執行你的意向，忠於自己行事，不受他人的指使或態度所影響。你選擇去愛，卻不求對方也愛你；你選擇善良，即便他人對你無禮；你付出且不求回報。你努力讓身邊的人和環境都變得更好。

假使我在臨終前，能在生活中各方面都發揮無私的精神，那我將快樂地辭世。如果有人問我：「如果你現在就要死了，你滿意自己的生活嗎？」答案應該會是有力的YES！

運用無私的精神，勇敢過日子吧。不只在老天爺眷顧時才展現勇氣，即便日子艱苦也一樣要勇敢以對。

我想邀請你加入追求無私的精神。這是一段值得前往的旅程，不僅能幫你發掘出自己的優點，還可以影響周遭的人。無私的精神能讓大家都成為更好的人，就像是個小小的邀請函，讓人人都能在有意識或不知不覺中，一起加入這個行列。

在這個追尋的過程中，觀察自己言語及行動背後所隱藏的動機。保持好奇心及覺察，但不要批判自己。

你是不是抱著無私的心態呢？還是把自己的期待投射在他人身上呢？有意識的挺身而出、表達真實想法並做出對的事，這些都能讓你不畏恐懼，為你打氣，讓你變得勇敢。

你愈是選擇變得勇敢，就會發現自己愈能發自內心想法行事，一股強大的自由自在感受也會隨之而來。
勇敢過日子吧！

旅途中的旋律

- 我想變得勇敢。
- 我要做個無私的人。
- 我為自己和他人挺身而出。

補給站：設定你的意向

準備好開創美好人生的願景，並立下實現的計畫了嗎？

讓我們從目的地開始吧。想了解你的方向，可以問自己以下問題：我的人生願景是什麼？我想被別人記住的是什麼？我想要留下什麼樣的珍貴足跡？

或許你想讓別人記住，你是個勇於生活的人？讓別人過得更好的人？一個大家都會讚賞的朋友、父母、姊妹或女兒？透過創業發揮影響力的人？或者以上皆是。

如果你想要再多做一點，可以為自己先寫下悼念文。你想要別人記住什麼呢？一旦你明白自己的願景和價值，請寫下你想做的事。你想如何實現願景？請寫下至少五個想法。

旅行日誌

該是思考以下問題的時候了。或許，你想營造一個平靜的氛圍，才能讓自己更舒服地設定目標，在勇氣地圖上多加幾句話。你可以播放自己最喜歡的音樂，點一盞蠟燭，或是倒一杯最愛的飲料。

- 從什麼地方著手，才可以讓你更願意變得勇敢？什麼事能讓你變得更勇敢？
- 你目前無法勇敢面對的是什麼？
- 要怎麼做才能讓你變得更無私呢？在什麼樣的狀況下，或是跟誰在一起時，你能表現出無私的精神？

＊一九九一年出生於印度加爾各答，世界著名神經科學家之一，多本著作皆登上各國暢銷書排行榜，致力於提倡心理健康和全球和諧。

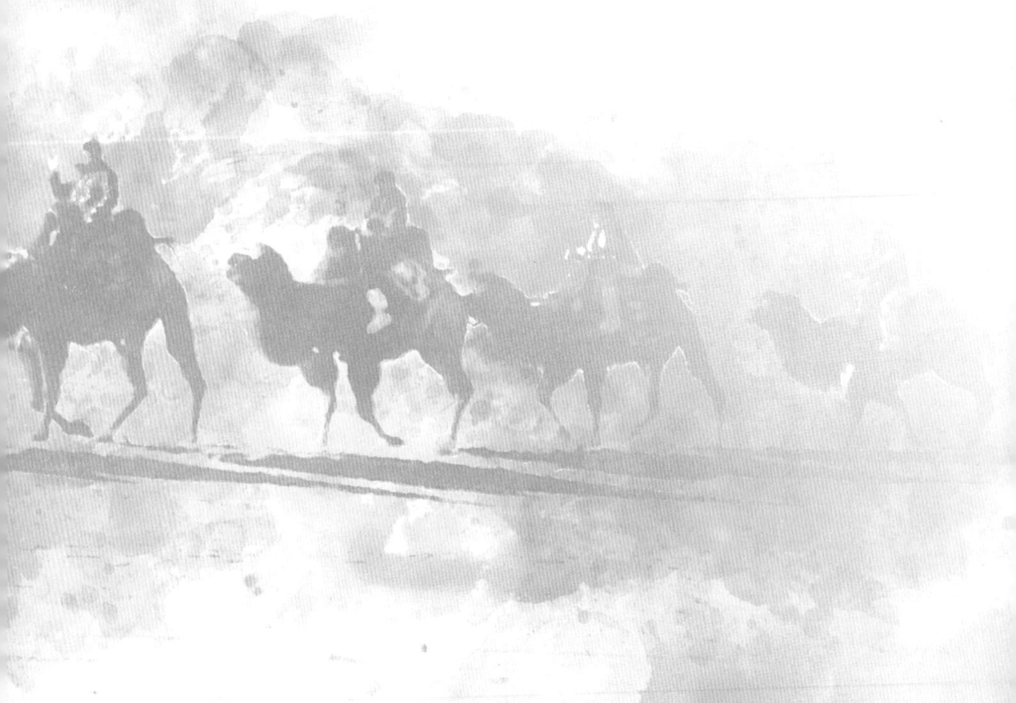

相信自己和他人，

相信世界的善意。

第四章

信任

信任是帶領我們活出勇氣的主要關鍵之一。失去了信任，心中的不確定感和恐懼很有可能會主導我們的作為和決定。信任能讓我們更有勇氣，就算眼前面對許多挑戰，也能勇於前進。

說到勇敢生活，我們來看三種信任的類型：對自己的信任、對他人的信任、對過程的信任——我也常說是「相信宇宙」。「相信宇宙會支持我」是我最大的信念之一，讓我能以勇氣面對挑戰，而非恐懼。

記得有一回，我和麥克在一間安靜的伊朗酒吧裡，和一個伊朗人討論了整晚的政治問題，在提比利斯（Tbilisi）的回程路上，麥克問我：「如果大家對他人的信任超過自己，妳覺得會發生什麼事？」

我仔細思考了這個問題。

如果一個人對他人的信任程度超過自己，我們的經驗裡就會有更多的不確定感、不平衡感，同時缺乏真實性——你缺乏的是自信。如果你無法堅定自己的真實想法而直接做出決定，只會離真正的自己愈來愈遠。當你清楚自己在想什麼，就會有勇氣相信自己、相信自己做出的決定和接下來的行動。如果沒有這樣的信念，你會發現自己無法迅速下決定，反而開始處處起疑，讓恐懼主宰你的一舉一動。

生活裡總會有許多建議會不斷湧現，因為每個人都有自己擅長的領域，想對他人提出有意義的建議及看法。但，對你而言，並不是所有的建議都一樣有用，或者和你嚮往的作法一致。你要如何在迷宮般的眾多建議中找到方向呢？你怎麼知道要參考哪個作法呢？假設你內心已經有初步的答案，即使當下還不十分明確，也請相信自己。

相信自己，是最重要的事。然後，相信宇宙一定會給你回應。有時候，當你遇上最艱困的時刻，要發揮信念還真的是不容易！不過只要能信任自己，你將會變得愈來愈勇敢。

當然，這不表示你就顯得一派天真或不知天高地厚。信任正是源自於經驗、資訊和直覺。

相信自己的能力

當你洞悉自己在生活各個領域或是商業方面的才能與潛力，你將會慢慢培養出勇氣，能自己做出決定，不受他人意見或經驗的影響。了解並信任自己的長處，能幫助你做出勇敢的決定——這意味著無論是說YES或NO，你都信心十足。

在開始重機絲路之旅前，我其實沒有那麼多越野騎行或是在交通擁擠的大城市裡騎行的經驗。在這方面，我的能力充其量只能算是普通而已。然而，一趟與好友的兩週騎車環遊義大利旅行，卻給了我練習的機會，對我的絲路冒險之旅大有助益。

那次為期兩週的義大利之旅，讓我賺到了麥克口中戲稱的「義大利駕照」。他那時和我這麼說的當下，我們正穿梭在土耳其伊斯坦堡的車水馬龍之中——一個充滿瘋狂駕駛的城市。那時的我已經增強了騎車技巧，也因此變得更勇敢。我沒有因此就到處橫衝直撞，但是我確實願意相信自己的能力。

我的騎車技巧確實進步了，所以，當麥克和我騎經喬治亞山區時，我經常讓自己墊後，不是高速緊跟在麥克後頭，而是保持自己的速度前進。我學會自己承擔且評估風險，督促自己不該魯莽行事。

記得：勇敢不代表可以不計一切後果。勇氣就是要相信自己，根據自己的能力做出勇敢的決定，而不是一味跟從別人說的話或做的事。

學會信任自己。愈是這麼做，你會愈來愈勇敢。或許要練習幾回，你才能完全相信自己。決定你的動機和方向，然後有意識的去執行。

相信自己有能力去追求瘋狂的夢想；相信自己有能力過得勇敢而精采！

全宇宙都會支持你

「全宇宙都會支持你」是支持我做出勇敢決定的內心信仰之一。我也想推薦給你。

如果你相信全宇宙都會成為你的後盾，你會發現邁向勇氣的步伐會輕鬆一些，因為你知道一切事情的發生都一定有意義，即使眼下似乎並非如此。

注意宇宙給你的訊號。我很喜歡某位朋友分享給我的一個比喻：一開始，宇宙會拋根羽毛給你；如果你忽略羽毛的話，就會等到一塊磚頭；如果你再度對磚頭視而不見，迎面而來的就會是卡車了。

舉例來說，可能是因為勞心勞力、超時工作，沒有好好照顧自己，你發現竟然已經感冒一段時間。或許，你也可能有一些不健康的習慣，但你不在意這個身體的警訊，繼續我行我素。這就像是宇宙給你的羽毛。

接著，你的健康狀況開始急轉直下，在床上躺了一週。你強迫自己吞下各種維他命，身體才剛好轉，就迫不及待重回工作崗位。

幾個月過去，隨著你的健康狀況再度惡化，現在，卡車正朝你而來——幸運的是，你終於看見卡車快要撞上來了，決定改變你的某些習慣……可能是去度個假，讓自己完全不受干擾，重新恢復活力；或者拒絕出席某些社交邀約，讓自己休息一下。

留意生活中的警訊

在我們沿著中亞國家——亞塞拜然（Azerbaijan）、土庫曼（Turkmenistan）、烏茲別克（Uzbekistan）、塔吉克（Tajikistan）、吉爾吉斯（Kyrgyzstan）、哈薩克前進時，我的車喬治王開始有點疲乏了，我也一樣！我們不斷趕路，在泥濘路上騎了好幾天。當我們抵達以山路聞名的塔吉克時，我們決定，選擇一位旅行部落客所描述的「不適合膽小者，只適合給死硬派騎士」路線。

我當然不是死硬派騎士，但我們覺得這個作者的發文一定言過其實，所以我們不管他的建議，仍然選擇了那條路。

事實證明，他真的不誇張！這條路困難重重，沿途有水深及腰的河流、泥濘不堪的道路、崎嶇不平的碎石子路，以及在穿越渾然天成的地勢和白雪覆蓋的山區時，讓人嘆為觀止的景象。我們騎了一整天的車，但離我們下榻的地點卻還有很遠的一段距離。越過一條河之後，我們的褲子都濕透了。當太陽高掛在身後的山頂之際，我們則在雪地裡不斷變換方向。頂著凍僵了的手腳，我騎得比平日還要快，等不及想洗個熱水澡和吃點熱食。

就在那一瞬間，我的車在泥濘的路上打滑了。當我加速想脫離泥地時，卻無法控制我的車，眼看著就要連人帶車衝向山崖邊。也不記得如何發生，總之那時我騰空從機車跳下來，滾落山崖下的幾公尺深處。同時，喬治王也在約莫三十公尺深的山下翻滾了好幾圈。

當我躺在地上，抱著傷痕累累的雙腿時，我只是不由自主地發抖，眼淚直直從臉上滑落。我發現自己沒有受到任何重傷而脫困，真的是個奇蹟（多虧有保護裝備！）。不過，喬治王看起來受損得很嚴重。事實是，經過仔細檢查後，我們認為這台車應該沒辦法再上路了。我坐上麥克車子的後座，往下一個村莊前進。我們花了三個小時，在午夜後才抵達目的地。

儘管一切都讓人感到那麼不真實，但是當我們停下腳步，望著滿天星空，還是忍不住笑了。眼前的情況是，我的車困在塔吉克往阿富汗邊境的懸崖邊，卻站在有生以來見過最美的星空底下。這種情況，真的不是你想編就編得出來的！

隔天，我們找了一輛卡車去載回喬治王。而且，讓我又驚又喜的是，一位非常厲害且有才能的塔吉克修車師傅，成功地把車修好了。

這場意外，就是一塊砸向我臉上（應該說腿上）的巨大磚頭。我謹記這次的警訊，開始放慢騎車的速度。我們再也不在暗夜裡騎這種讓人抓狂的路線。這一記教訓，可以說是救了我們一命。

注意「訊號」，然後相信宇宙會做你的後盾。「信任」會讓你活得更無所畏懼。

相信陌生人

「你有點太天真了！」

每當我又做出某些看似太過自信的事，我媽媽就會藉機唸我一下。有時，我甚至也會認同她的說法。偶爾我也會想，或許我真的有點天真——直到我意識到，更多時候，「信任」可能被認為是天真。

我十分相信自己和所下的判斷，所以我有時確實會跟著陌生人行事。當然，如果我覺得事情不太對勁，無論對錯，我也不會去做。我的直覺會給我暗示，我也信任這些跡象。這麼做也讓我的人生增添某些精采的時刻。

那是一個陰天的早晨，麥克和我來到一個土耳其山區裡的小村落，那時我們正前往被稱為「世界上最危險的一條路」。我們想在當地先買些點心比較好，屆時如果被困在山裡或需要在沿途中的某處搭帳篷，總要有備無患。

我讓麥克顧車，自己大步走向一間小雜貨店。

店員朝我微笑打招呼。我使出最厲害的手語，指著架上裝在牛皮紙袋裡的麵包。一位穿著整齊長褲和方格上衣的男士走進店裡，看著我說了一連串的土耳其語，接著向我招手，示意我跟著他走。我也照做了。

我們走到店外，經過麥克身邊，他一臉困惑地問我：「妳在做什麼？」

我笑笑地回他：「我正跟著陌生人走。」接著又說，「十五分鐘後，我還沒回來的話，你就可以來找我了。」

亞伯拉罕帶著我走到路尾的一家麵包店，拿了一條剛出爐的麵包給我。我超開心。新鮮的麵包耶！哦，我超愛麵包！我的肚子咕嚕叫，立刻咬了一大口還熱著的麵包——超好吃！我和亞伯拉罕還和麵包店裡眼神超級溫柔的女店員自拍了幾張照片，然後才一起又回到原來的雜貨店。

亞伯拉罕示意我再多買一些東西。當我拿出錢包交給老闆時——沒錯，我通常會直接把整個錢包交出去，他們就可以直接拿出正確的金額（完全信任對方不會多拿錢）——亞伯拉罕把我推到一旁，自己伸手給了女老闆幾張土耳其的里拉鈔票。一個陌生人替我買單！我一句話都說不出來！如此的無私慷慨真的太美好了！

那一刻完美到難以置信——這種情況正是我說的「充滿人性光輝的時刻」——也是我在生活中很珍惜的時刻：善意牽起了兩個互不相識的人。這就是我憑著直覺去跟隨陌生人的經驗。

相信別人。在這之前，你必須先相信自己，才能知道在什麼情況下可以聽從陌生人的建議。我在冒險路途中遇過許多非常奇妙的時刻，正是因為我相信自己，也相信別人。

你對自己的直覺關注愈多，就愈能相信自己的判斷力，即便當下的預感毫無意義也一樣。

大家都充滿善意

這使我想到我的另一個中心信仰，或許你也有興趣參考：「一般來說，大家都是出於善意，並且竭盡所能做到最好。」有時，他們付出的最大努力在你眼中可能沒有什麼，那也無妨。

最近，我前往加州的達拉斯出席一場會議時，很「天真」地把我的現金留在飯店房間的長凳上。我離開時忘了帶走，當我再回到飯店時，錢已經不見了。

起初，我真的很失望，因為我相信人性，不願去猜想也許房務人員並不誠實。然後，我意識到，不該沒來由的懷疑他人，我該信任別人。不管是誰拿走了錢，他們都做了最好的決定。「信任」不是對事情不明就裡或是去試探信念，而是按照自己的直覺行事，並且勇敢展現。

我在旅行途中觀察到一件事——當別人看見你展現出對他們的信任時，他們自然會想盡全力去達成你未曾表達出口的願望。能發現這件事真的很酷！就好像是你以身作則，用行動告訴他們，他們是值得被信任的。

試試看吧！你可能會對源源不絕的善意感到驚喜萬分。你會感受到一股轉換的能量，從恐懼和「我不相信你」，成為充滿愛及「我們都在一起」。

當你相信大家都是充滿善意，他們也會追隨你的信念。就像我把錢包交給店員自己算錢一樣，我的錢從來沒少過（或許我自己也沒注意到）。這一種假設會改變你的生活及看待世界的方式。換句話說，如果你展現出不信任對方的態度，他們表現出來的樣子，也會如你預期。

還有一回，我們途中停留的其中一個地點是在蒙特內哥羅（Montenegro）的一個小鎮。那天我起了個大早，在上路前迅速地游了泳。那是個悶熱的夏日，所以我抓起浴巾，赤腳就走下長長的樓梯，前往海灘。半路上，我發現一個小水果攤，一位灰髮的中年當地農夫正賣著覆盆子。我停下腳步告訴老闆，我回頭再來買，因為現在身上沒帶錢。

他不會說英文，但似乎聽懂我的話。他拿了一籃剛摘的覆盆子給我，用手比劃著，我想他是說「等一下再來付錢」。我心裡滿是感激，知道他信任我。這個經驗讓我感到很特別，我當然不能辜負他的期待。又是另一個展現人性的時刻：勇氣、善良和信任，能讓陌生的人凝聚在一起。

暴風中心

「暴風」的比喻是一個很棒的視覺印象，可以提醒並幫助你在暴風中航行。每個暴風的中央都有一個風眼，這個平靜的區域就被眼壁所包圍，正是最嚴峻的氣候和最強烈的暴風中心。

當你的生活中來了一道暴風，或是當你被一片混亂纏身時，就可以把自己當成是暴風眼。想像自己身處在平靜的暴風中心，試著保持清醒與理智，不要加入四周的紛紛擾擾。觀察並留意四周情況，不要讓自己被吸入暴風。在冷靜的情況下，你就能做出更理智和有勇氣的決定。

不管何時，當你自己被混亂的思緒給綁住時，提醒自己保持冷靜。這個比喻能幫助你專注自我，你才能以信任和勇氣回應周遭發生的事，而不是從恐懼的狀態來應對。

下回當你和另一半發生爭吵，或是在工作上面臨挑戰，就要注意暴風即將來臨。大多時候，你無法控制周遭發生的事，也無法掌控他人基於恐懼所做出的行為舉止。但你絕對可以選擇保持冷靜，相信自己能做出正確的決定。

當你能全然信任自己，你就能做出大膽的決定，採取勇敢的行動，因為你知道，每件事都會順其自然地發生。

全宇宙都是你的後盾。

旅途中的旋律

- 我信任自己。
- 全宇宙都是我的後盾。
- 每個人都是善意的。

補給站：相信並期待最棒的事會發生

接下來的一個月，請相信，你遇見的每個人都是帶著善意的。和每個人互動時，無論對方是服務生、朋友、家人或是同事，請相信他們。如果某個人給你建議，與其質疑，不如相信。讓陌生人感受到你的信任，看看會發生什麼事。

旅行日誌

拿起你的日誌，反思以下問題：

- 假設你能更相信自己的直覺，會發生什麼事？下個月起，以直覺幫助你做更多決定，看看事情會如何發展。
- 你需要更相信生命裡的哪些部分，才能幫助你邁向勇氣之路？
- 如果你相信宇宙一定會支持你，你現在會做出什麼大膽的決定？
- 你記得在生活中有相信直覺的時候嗎？那時的感覺如何？

練習與自己對話，

聆聽心底的聲音。

第五章

跟從直覺

運用你的直覺，能讓你忠於自己的想法、勇於冒險、做出勇敢的決定，即使這些決定在別人眼中看來，或許毫無意義。

相信自己的直覺也能確保你不受他人束縛、按照他們想要的行為做事，或成為他們心目中的樣子。相反的，你會依靠自己和內在的智慧，勇敢選擇你要的生活方式。

已故的蘋果公司聯合創辦人史蒂夫．賈伯斯曾說：「勇敢追隨你的內心和直覺。他們知道你真實的模樣。其他都是次要。」他正是相信自己內在智慧的絕佳榜樣，在其他股東的強烈反對下，仍然做出許多勇敢的改變。

因為，直覺來自於你的潛意識，它處理訊息的速度比你意識到的更快，所以也能讓你更快、更堅定地做出決策。說到底，直覺讓你能更輕鬆地去處理不確定的因素，因為你不必倚賴外界訊息。當你運用直覺，就不需要等到一切都準備好才能動身。

直覺支持你活得更從容、更勇敢，就算恐懼感存在，你仍舊不會動搖。

「眞正有價值的事，是直覺。」

——愛因斯坦（Albert Einstein）

直覺的樣貌

想要勇往直前地生活，直覺就是你的工具箱裡最強大的法寶之一。當你百分之百相信你的內在智慧，勇敢就會成為一種習慣及生活方式，而不是偶爾為之的事情。

直覺是我們與生俱來的某種能力。你記得自己起雞皮疙瘩的那些時刻嗎？你的頭髮無緣無故在背後豎了起來？「某個聲音」告訴你要離開一個地方或情境，因為不太對勁，但你卻不知道自己為什麼會這麼想？有時你會突然感到胃一陣不舒服？

那是你的直覺正在對你説話。這是一種內在知識，通常都非常準！那些看似隨機的預感或是信號，都是潛意識要告訴你的事，正是為了引導你做出更好的決定。

大家通常把「相信你的直覺」解讀成「跟隨你的心」。事實上，許多古代文明也都認為，心臟才是人體最重要的部分，而不是大腦。

所以，直覺是從哪兒來的呢？為什麼我們會不知不覺中得到這些訊號？直覺就是源自於你生命中的經驗，集結成在潛意識中處理的訊息。你的潛意識汲取了以往的經驗，透過不同的感官發送訊號，你有時也會注意到。

直覺就是搭起意識與潛意識的想法、邏輯與非邏輯、可分析與非系統之間的橋樑。如果你聽從你的直覺，直覺就能成為你最強而有力的指導。

如先前所提，直覺是你與生俱來的某種能力。然而，你可能有時會忘了怎麼使用。因為經驗和故事會干擾你，將你拉離自己的核心價值，無法觸及內心的智慧。

我在瑞士成長，那裡的人鮮少談論關於「直覺」的話題。老實說，在我二十三歲搬到澳洲之前，我甚至沒有完全理解這個概念。

瑞士的文化十分講究邏輯和理性。當我初次讀到有關直覺的書，發現世界上有些十分具有影響力的人物是如何倚靠這道內在的聲音做出決策時，燃起了我的興趣。

我用一趟旅行理性地實踐！我開始每天靜坐，記錄更多的事，觀照我的情緒以及能量多寡，注意我身邊的人、身處的地方和做出的決定。

我慢慢開始相信直覺，並且以此來做出決策，而不只是以邏輯行事。

與自己的內心對話

現在，無論在任何時候需要做出重大決策，或是經歷生活與事業的轉變，我會先翻閱自己的日誌。在徵求朋友的意見之前，我會先和內心對話。如果是做個人的決定，我通常不會徵詢他人意見，因為我想發自內心、單純地、無意識地，透過直覺——我的內在導師——來做決定。

我知道我的朋友們都是為我好，即使我搞砸了也會支持我。他們的建議多半都很寶貴，也符合我的想法；當然有時也有相異的時候。我相信我的直覺會帶領我；在我梳理自己的想法並提出棘手問題時，也不忘提醒自己保持勇氣。

當你信任內在智慧時，有時別人會認為你的決定不合理。非理性並不全然指愚蠢或愚笨，只不過是在做決定的過程中，並非基於理性或邏輯的論證。這也只是知識來源不同而已。

我做過某些勇敢又不符邏輯的決定，後來都印證了是我下過最好的決定，因為都是我信任自己內在智慧所下的決定。例如，我在公司聘請某些優秀的人才時，純粹是靠直覺來決定；然後我會在之後理性地以事實驗證，並且運用所有「一般方式」來檢驗。

如果你以恐懼取代勇氣的態度過生活，會更容易質疑甚至不信任自己的直覺。最後，你反而情願相信其他人的意見。但，事實是，你不需要大師，你就是自己最強大的老師。

練習打從內心做決定，而不是聽從別人為你做的決定。你的直覺就是你最有力的工具之一，能幫助你活出勇氣。學著聽從直覺，相信你自己。有時，你愛的人或許不明白，你這些勇敢的決定從何而來，那也沒關係。因為他們愛你，所以才會擔心你，希望能保護你的安全。但，你不必如此小心翼翼——因為，你的直覺會引導你。

相信自己，去追求大膽的夢想；相信你的能力，活出勇氣。

發掘直覺的五種方法

1 投入和觀察

你愈常練習自我覺察，就愈會相信自己的直覺。你的直覺一直在和你對話，只是你可能沒有聽見、感受或看見。你和自己及周遭環境的聯繫愈頻繁，就愈能注意到直覺的存在。學著聆聽你的身體、知覺、想法和感受，你做得愈多，就愈能把活出勇氣變成一種習慣、化為一種態度。

請仔細發揮觀察力，觀察自己、周遭環境以及其他人；留意自己是如何應對不同情境和人物。你投入愈多的心力，就能覺察到隱藏在其中的信號，並且感覺到巧妙的和諧。

注意你的生理反應。會不會有時感到心跳加速、身體疼痛或是手心發汗？也要觀察你的情緒：偶爾會感到心情起伏嗎？這或許是你的直覺正在透露訊息。

你不必刻意尋找宇宙給你的信號，或是因為沒有收到信號就當做不敢放手做出決定的藉口。不管你感應到多麼不合邏輯或不理性的訊號，請相信這些來到你眼前的訊息。

2 和你的心搭上線

你的心就是最有力的器官，被許多富含知識的神經細胞包圍。聽從心底發出的聲音。把手放在你的心上，時常彼此感應。你的心對你說了什麼呢？

許多沒有察覺到的訊息和回憶都儲存在這裡。有許多人在歷經了換心手術後，感覺到自己的能力、興趣、嗜好都和以往不一樣了，正是因為儲存在神經細胞裡的記憶所影響。

偶爾，在演講時，我會刻意展現出開放的心胸和態度，然後發現自己會直覺地分享自己從沒想過的想法。我應該不是和外星人互通有無，我相信這全都是來自於我過往的經驗、讀過的書籍和搜集的資訊，這些全都存放在我的淺意識或是心裡。當你的想法保有彈性，敞開心胸，這些訊息就變得隨手可得。

你愈是有意識地保持心胸開闊，就愈能夠善用自己的直覺。

3 培養正念

「正念」可以說是現今流行的一個詞彙，這也是有原因的。培養正念不僅能讓你專注於當下，還有許多好處，其中之一就是感受來自直覺的訊號——因為培養正念和規律的靜坐方式，可以幫助你排除那些掩蓋直覺的干擾。

你有的時候可能太忙，沒有注意到內在智慧傳達給你的訊息。而專注於當下的平靜念頭，則可以讓你清楚感受、聆聽、關注來自潛意識的想法。

假使你剛開始學靜坐，或是還在辛苦摸索的階段，請不必糾結於成果。就算十分鐘靜坐中花了九分鐘的時間想著世界上（或你自己）的問題、晚餐吃什麼、下一次的假期要去哪裡、最近一次跟別人談話的話題，或是甚至自我質疑為什麼腦海裡的想法飄移不定——這些都是稀鬆平常，也沒什麼大不了的事。讓靜坐成為一種每天的習慣，能全心投入當下的時間就會從一分鐘延長到兩分鐘，並且從此慢慢延長。

4 享受獨處

為自己尋找更多時間獨處。與自己相處是很棒的，能讓你學著重新建立自我連結，調整你的感覺、想法和情緒。

性格外向的人，喜歡被人群包圍、從他人身上獲得能量，擁抱獨處的感覺或許會讓他們備感艱辛；性格內向的人花時間獨處，則容易得多。事實上，我們都需要充電。

時不時抽出時間走入大自然、坐在樹林裡、在海裡游泳，或去公園裡散步，全心全意投入當下。常常這麼做，就會做得更得心應手，能感受到內心引導著你。

而且，如果難以關閉喋喋不休的大腦，你可以靜坐或讓大腦思考一些更深層的問題。

不妨從本書每個篇章後的旅行日誌中，已列出的一些練習開始著手。

5 更快地做出決定

記住！直覺能幫你更快速地做出決定，因為你潛意識處理訊息的速度，要比大腦思考快得多。所以，練習發揮直覺的最佳方法，就是強迫自己更快地做出決定。面臨做決定的當下，先聽從內心浮現的聲音；練習從做小的決定開始，直到你對自己的直覺變得更有信心，然後再試著去做更大、更困難、更勇敢的決定。

猶豫不決會讓你錯失許多優秀的機會，讓你不敢大膽做出決定。學著聆聽內在的聲音，讓心裡的導師引導你。

同理心正夯

當你學會運用直覺，也會更懂得發揮同理心。同理心是人類進化出來的一種能力，能理解和分享別人的感受。同理心不僅讓你能成為更好的上司、父母、同事或朋友，更是目前人人必備的能力。

培養同理心，能幫助你不帶批判的眼光去理解他人。直覺能幫助你了解別人的感受，你才能用適合的方式回應對方。同理心也能讓你與人產生連結，你才能無私地感受他人的快樂和悲傷。

同理心也能支持你勇於為大局著想，而不是只考慮到自己。

當你願意為自己、為這個世界發揮同理心，你就能抬頭挺胸，做出勇敢的決定。

旅途中的旋律

- 我相信自己的直覺。
- 我的直覺會引導我。
- 我具備同理心。

補給站：相信你的直覺

在未來的一個月裡，徹底相信你的直覺。每當遇到要做出選擇的時刻，記得向內在智慧尋求答案，然後相信心裡出現的第一個念頭——即使答案在當下似乎沒有意義。

旅行日誌

拿起你的勇氣地圖，思考以下問題：

- 你還記得自己在生理上感覺到和任何地方或任何人事物有所連結的時刻嗎？是在什麼樣的情況下發生的呢？
- 什麼時候，你覺得與自己的連結最緊密？
- 你如何讓自己穩定思緒，並且覺察當下的身體感受？
- 你還記得自己因為相信對某件事的直覺且做出了最棒的決定，是什麼時候嗎？

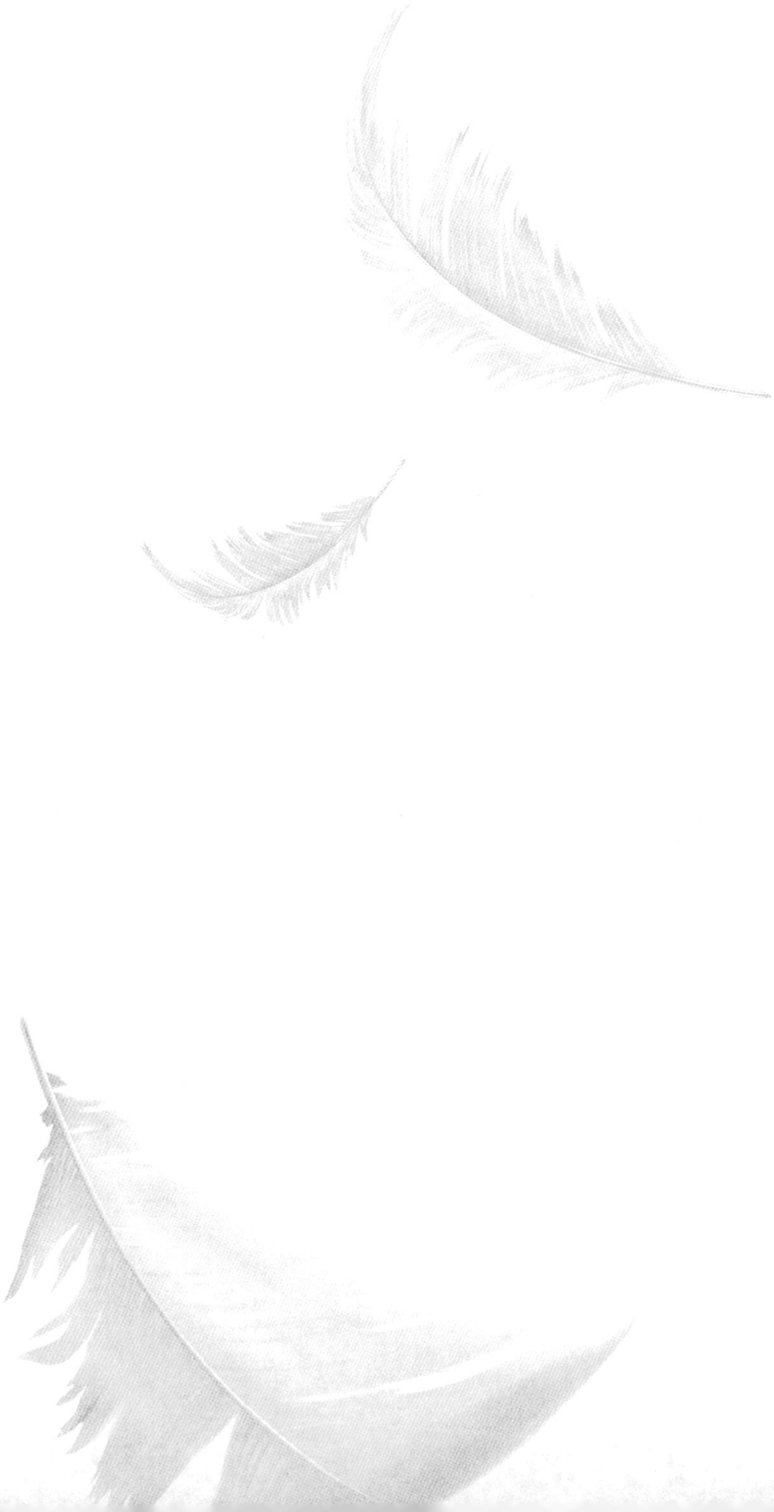

以開放的心胸，

擁抱未知。

第六章

熱愛

我選擇採納的意念之中，最強大的一項就是「始終保持開放的心態」。我必須承認自己不是每回都能做到，而且也還在學習中，但是這個意念對我的生活、愛情和成長及發展產生了驚人的影響。

保持開放的心胸能讓你做出勇敢的決定，過著無悔的人生。帶著開放的心態生活需要勇氣，要維持這樣的心態需要更大的勇氣。當你有可能會受傷的時候，關上心門是很容易的事。當你的行為是出自於恐懼，更可能會想關上心門保護自己；但是，當你心中充滿勇氣，無論發生什麼事，你都會以開放的態度去面對。

一旦你能以開放的心胸生活，你的人生甚至也會變得更豐富、更知足、更精采。開放的心也會帶領你活出勇氣，忠於真正的自己。

當我保持開放的心態生活時，我發現生活的體驗更加深刻，更加輕鬆自在而且隨心所欲。而每當我因為一次經驗或對自身述說的故事而封閉自我的時候，我其實也就離勇氣和真實的自己愈來愈遠。

一顆封閉的心會讓恐懼感來作客，甚至讓恐懼感在你心裡開起派對。保持覺察的態度，保持開放的心胸，不要讓恐懼占據派對的舞池。如此一來，你會感到清醒、有活力，才能投入生活。

愛和恐懼

愛和恐懼，是驅動我們大部分行為的兩股主要力量。

根植於恐懼裡的情緒，通常是因為害怕，以及自己對局面無能為力而想要控制事態發展的渴望。而沮喪、焦慮、嫉妒、無禮或生氣，都是受到恐懼影響所表現出來的回應方式。

情感是由愛衍生而出，是奠基於對多姿多采的生活本質理解而來。愛不是針鋒相對的遊戲。愛讓你活得有勇氣，願意接納未知的事物。愛會讓人展現出勇氣、善良、慷慨、尊重、仁慈、寬恕、理解、體貼、憐憫等態度。

當你心中有愛，就更容易做出勇敢的決定。愛是學著去明白：接納生命中的起伏更勝過與無法控制的事物搏鬥。

在活出勇氣的過程中，想要擁抱愛的力量，第一步就是先與自己的真心建立連結。

建立連結的方法

與自己建立連結，最後就能驅動你的信心和勇氣。當你感到踏實，就能安心地活出勇氣。相反的，不認識自己，不清楚自己的真實心聲，只會讓自己陷入不安，讓恐懼得以趁隙而入。

當你認識自己時，你就能做出勇敢的決定，即使過程讓人不舒服。你會發覺自己不想花時間在某些人身上，因為當他們出現在你身邊時，你覺得自己的精力好像被消耗殆盡一樣。

當你敞開心扉，看清真實的自己，就會感受到一種深刻的踏實、平靜和滿足感。或許，也會感到更加脆弱和被引導。

但，要如何打開你的心房呢？該怎麼做才能一直維持下去？這個過程可能要花五分鐘、幾天、幾星期或是幾個月。只要去做，終能做到。所以，就從保持開放心胸的想法著手吧。

當你的心是開放的，能量會流經你的全身，你不只會感受到心智更加清醒，還會有更多的勇氣。你將會活得無怨無悔。

要做到敞開心胸，關注內心是我認為最棒的方法之一。

這麼做的效果很神奇，你可以隨時隨地使用。

這個方法讓我一直想起衝浪板落入浪潮裡的模樣。

當我坐在海上，等著海浪從背後把我撐起時，我常常必須就要在當下立刻做出決定。

如果我略有遲疑或是退縮，最後很有可能就會被浪潮捲入海裡，就像被捲進大海洗衣機裡滾攪一樣；假使我傾力奔向海浪，用盡全力划水，海浪就會接住我，讓我平穩地乘風破浪——我只要挺身一躍，沿著一整片海浪划行，臉上喜悅和燦爛的笑容足以持續好幾天。

當你關注自己的心，就會感受到對自己和他人深刻的愛，一股能量就會籠罩著你，讓你活在勇氣之中。

關注內心的練習

要想做到這件事，最好的方法就是閉上眼睛，把手放在胸口心臟的位置，想像能量流經你的心，感到愛和歸屬。深呼吸，慢慢關注你心裡的感受。幾分鐘之後，一股平靜和安定感就會取代所有因恐懼而起的情緒。無論是正面臨挑戰的時刻，或是感到活得很無力時，都要經常關注你的心。我常常在入睡時把手放在胸前，就連起床時也不例外。

偶爾，當我感到脆弱或受傷時，我不會陷入害怕的情緒裡，反而會把手放在胸前，對自己重複適合的語句，像是「無論何時何地，我都保持開放的心態」，或是「宇宙一定會回報我的」。找一個對你有用的話語，並試著做做看。透過這個練習，你會驚訝地發現心態能轉變得如此之快。

你可以在任何地方做這個練習：坐在飛機上、在辦公室工作或是排隊時。把手放在胸前時，想像你的心正迎接著流動的能量，閉上或睜開眼睛都行。怎麼做是次要的，重要的是你的意圖。每當我感到難過，或者可能沒有做出勇敢的決定時，我都會提醒自己，關注自己的心。

當我要主持工作坊或擔任主講人的時候，我也會使用這個方法。我知道，當我的演講內容能傳達出深層的連結感時，就能帶給觀眾更多影響力。有意識地進入自己的內心，分享心裡的想法，讓人感到特別踏實、實際且真誠。

當你面對一大堆倒楣的事情，這個方法特別能發揮作用。這樣做能幫助你洗淨不好的情緒，而非去關閉或停止你的能量。

人類是無限強大的生命。我們能透過察覺自身的能量和意識，獨自或與他人合作去影響世界。我時常喜歡對他人付出愛和善意，即便他們都不知情也一樣。我也是同樣運用這些方法來執行。

幾個月前，我的一位知心好友正經歷一段非常難熬的時光，所以我決定把日常的關注法運用在她身上。我把手放在心上感受能量，並且持續在好幾週的夜裡，把這股能量傳遞給她，直到她看清眼前的那灘渾水，再度游向閃亮的海洋。之後，她告訴我，在她最脆弱的時候，她時常感覺到一股愛和歸屬的能量。也許這一切讓你覺得有些超乎現實，但，去試一試又何妨？去感覺愛，付出愛，對任何人都不會是壞事。

如果你周遭某些人需要大力的支持，那就把你的愛奉獻給他們。或是，你真的想變得勇敢，就練習把愛發送給讓你委屈或傷害了你的人。這些能量是共通的，我們都身在其中。

以正向的方式影響他人，自己也會得到同樣的正面影響。

挖掘源源不絕的能量

記得：當你保持開放的心胸，能量就會在你身體裡流動。你不會感到疲憊或沉重，反而會感到自己朝氣十足。

很多人常問我：「為什麼你總有這麼多的能量？」「你吃了什麼嗎？或者

喝了多少咖啡？還是用了什麼神奇能量療法？」

或許是各種不同的因素結合而成。我吃得很健康，我也愛時不時喝一杯咖啡，但我沒有服用靈丹妙藥（除了海洋這帖鹹鹹的藥方）。有一件事我很確定，就是有意識的保持開放的心，就會擁有滿滿的能量。我也注意到，當我關上心門的時候，能量也跟著轉向了——變得更沉重，好像有人拔掉了我的能量來源。

最近，我和一個親近的朋友有些不愉快的互動，我闔上了心門。起初，這種反應都是無意識的；起因只是因為一場讓我們彼此感到挫敗的討論。我平日起床時都是衝勁十足，但那天早上，我卻覺得疲憊，不再是那個平常充滿活力的自己。當我意識到自己的能量低落，自問原因為何，接著發現，原來和前一晚的討論有關。因為怕受傷或傷害到別人，我封閉了自己的心。我沒有抱持著愛的態度，反而受恐懼左右，我的能量立即消沉下去。

一旦你覺察到自己的行為，就能做出有意識的決定，例如再度開啟你的心。這件事不是每回都那麼簡單，但你一定能做出選擇。下定決心，敞開你的心胸，看看會發生什麼事吧。

探索你的心，你將會感到一股踏實感。你和自我、和他人的連結將會變得更深刻，需求和要求不再那麼多，而因此感到更加平衡。

踏實感、愛、歸屬感，這些感覺都會增添勇氣的力量。

愛不是一塊點心

愛是無限大。既然如此，我們為什麼把愛當做一塊蛋糕呢？就像你如果給了別人四分之一塊，就只剩下四分之三了嗎？愛是豐沛無止盡的，而不是有限度的給予。

如果你帶著勇氣面對愛，你眼中的愛就是無限大，你建立的各種關係都會綿密不絕；相反地，如果你以恐懼的角度來看待愛，你只會覺得永不滿足，然後引發像是嫉妒、沮喪甚至是占有慾等情緒，這些都會讓你遠離勇氣。

我們常會在無條件的愛中掙扎，因為我們已經明白了有條件的愛。像是：

如果你每個星期二都去倒垃圾，我就會愛你；如果你告訴我有多愛我，我就會愛你多一些；我會只愛你一人，如果你也同樣如此愛我。如果我們不要有條件地去愛人，一切會是如何呢？我們能否就是無條件地去愛呢？

我們因為害怕受傷，所以為了守護自己的心，我們愛得有條件，愛得小心翼翼，這麼做更安全。

當愛根植在恐懼中，某些常見的情緒——嫉妒、沮喪、自卑或是焦慮——就會跟著浮現。

嫉妒來自於對潛在損失的恐懼，而這些恐懼會讓你想關上心門。然而，就是在這一刻，你才更應該勇於冒險、有意識的選擇保持開放的心態，而不是陷入恐懼之中。

奇妙的事，正是在此刻發生。

你的另一半出於他自己的經驗和過往的故事，也會出現某些特定的行為模式，你也可能會被影響，在基於恐懼的情況下做出回應。關上你的心或許是自然機制，因為能保護你受到傷害或折磨。

但，如果你能不畏傷害，敞開胸懷，深深去愛呢？如果你能毫無條件地去愛呢？與其嘗試改變他人來符合你的標準，不如去愛他們原本真實的模樣。這不表示你必須接受所有的行為。當你能聆聽心中真實的聲音，明白自己真心所求，當你在面對不適合的愛情或是任何人際關係時，你也可能會決定放棄。這麼做其實也沒關係的——只要你能真誠面對自己。

更勇敢、更毫無保留地去愛吧。

當你的另一半對你並不仁慈，讓你心裡受了傷，你能否依舊以仁慈的心去回應他呢？

你能否不顧艱險，勇敢去愛？

雖然感到痛苦，你能保持開放的心嗎？

當然，你做得到！

當你能勇敢去愛，你的夥伴們很可能就會一一加入你。以身作則，而不是處處指責。讓真心帶著你做出行動。

深愛一個人，能賦予你勇氣。有了勇敢開闊的心胸，就會感到一種深刻的親密感、滿足感和平靜。

勇敢和真誠的愛，也會使人際關係和友誼更加圓滿。

章魚的觸手

章魚，很適合用來做為理解人際關係，和深層連結的具體形象。

想像一下章魚的觸手：在一段索求或出於恐懼的關係中，這隻章魚就彷彿是用所有的觸手纏繞著你，試圖把你抓得牢牢的。但一段關係若是來自勇氣和真誠，只會有幾隻觸手彼此牽連，其他觸手才能完美地各司其職。

當你和自己能建立緊密的連結時，無論你去哪裡都像回到家一樣，你也會有能力去和他人建立關係，而且是更深刻、更有意義的層次。同時，也能給你勇氣保持柔軟的態度和身邊的人相處。

當有更多的人能夠彼此連結，聚在一起，這種關係會更加圓滿、深刻和踏實。這是一種選擇，並非必需或必要。在互相滋養、愛和勇氣中建立起來的人際關係，能讓你們幫助彼此展現出最好的一面。

感受一切

人類有超能力，可以感受如彩虹般的各種情緒。從深紅色到亮紫色，從悲痛到狂喜。你每天都會感受到各式各樣的情緒，如果你選擇勇敢生活，會更有感覺。

勇敢過生活的美好就在於，讓自己置身能感受各種情緒的情境裡：欣喜、害怕、喜悅、緊張、滿足、焦慮、興奮、不安，還有很多很多——情緒讓你變得更有人性。

具有挑戰性的情緒也是生活的一部分。想要擺脫這種情緒、不要讓這些情緒卡在你的身體裡或是轉化成沒有助益的故事，最好的方式就是不要抗拒。處在不舒服的情緒裡需要勇氣，逃避反而容易許多。

當你透過意志力、逃避心態或各種方式去抵抗或無視這些情緒，這些感覺就會停滯不前，形成能量的阻力，之後反咬你一口，讓你不知道那些情感或肉體上的痛苦從何而來。

無論你感到生氣、沮喪、心痛、失望或難過，請體會這些情緒、去感受並且接納這些不好的情緒，這些感受最終才能漸漸離開。

就好比當我們身在大海之中，前方正升起的一道浪。你無法阻止浪潮，但你可以潛入底下，任海浪沖刷過你的身旁，靈活一些，讓自己稍稍被浪花包圍。或者，你可以學著駕馭海浪。但如果你試著和海浪對抗，你很快就會喘不過氣。

下回，當你感受到一股經常想忽略的情緒時，請試著擁抱你的情緒，而非逃避或是對抗。情緒最終會消失的。但是，如果你忽略自己的感受，這些情緒只會反撲得更厲害。

逃避不一定有用

在我騎車離開伊斯坦堡時，和幾位飛來當地的海外朋友相處了難忘的幾天；那些日子裡，我們一起探索這個城市，擁有許多回憶，那時我真的很捨不得離開。

我的第一個念頭是，去參加其他派對，喝幾杯來分散我的注意力。我提醒自己這個原則：允許自己難過，而不是將情緒拋在腦後。我戴上安全帽，不發一語，沉浸在憂傷之中，繼續騎車。

過了一會兒，我感到清醒了，一股感激之情取代了悲傷。

這讓我想起——感受自己的情緒，而非逃避，這件事有多麼重要。

以前我並沒有這種認知，如果當時有一種「逃避和忽視負面情緒」比賽的話，年輕時的我大概會拿第一名吧！

我記得那年父親突然過世時，有很長一段時間，我試圖逃避心碎、難過和痛苦的感覺。

起初，我不願接受他已經不在的事實。之後，為了讓自己不再感到痛苦，我試著麻痺自己，忽略心中真實的感受。

有一段時間，我失去了對生活的熱情，對一切肆無忌憚，做出許多超乎我自己能控制的事。

我放縱自己，對任何事都毫不在乎。我的完美應對之道，就是讓自己忙得停不下來，才能讓我的感覺麻木——其實，我只是想逃避一切。

這麼做，完全無效。

其實我是無意識地去做了這些事，而這都是為了逃避父親突然過世所帶來的沉重哀傷。

我不知道怎麼處理或感受這種陌生的情緒。

這種情況持續了幾個月，悲傷、憤怒、傷心欲絕的感覺，到後來變得愈來愈強烈，我無法再忽略自己的感受。有好幾個下午，我坐在沙灘上，望著大海，眼淚不停從臉頰滑落下來。

我終於願意讓自己沉浸在悲傷裡。我明白了自己，我不一定要成為堅強的人，偶爾的心碎和軟弱其實也沒關係。

父親過世，至今已經超過十年，我偶爾還是會被情緒給淹沒。我現在知道，可以讓這些感覺自然地出現，而不必抗拒或是試著忽略。這些感受，也同時包含了許多美好的一面。

幾年前，在父親逝世的週年紀念日那天，我獨自坐在日落時分的海邊，看著天空中的顏色，變成紅色和紫色的陰影。大自然描繪出了許多讓人難以置信的超現實景象和雄偉的畫面，讓我幾乎忘了呼吸。

我好想父親，淚水滑落，和海裡的鹹味融為一體。我就這樣坐著，不再反抗，任憑悲傷將我淹沒。

然後，我覺得內心充滿感謝、平靜和神奇。

當你有勇氣以開放的心態生活時，你會感覺到更深刻、豐富和強烈的情感。生活變得更精采，每個時刻也將變得更神奇。

旅途中的旋律

- 我會一直保持開放的心胸。
- 愛是無限的。
- 感受到各種情緒，是再平常不過的事了。

補給站：關注內心

在接下來的一個月裡，透過關注內心的練習，有意識的去連結你的內心世界。每晚要入睡及早上起床時，把雙手放在胸口，緩慢且深長地呼吸。你會感到一股平靜和歸屬感。如果你覺得內心不開朗，提醒自己，保持開放的心胸。觀察你的能量起伏變化，會因此更貼近你的心。

旅行日誌

拿起你的日誌，反思以下問題：

- 如果你為自己設定目標「我一定會保持開放的心胸」，你的生活會有什麼樣的改變？

- 你在什麼情況下，最有可能封閉自己的心？
- 你記得自己曾在任何時候關上了心門嗎？是什麼樣的情況呢？感覺如何？
- 在你的生命裡，你覺得有哪些方面是受了恐懼，而不是愛所驅使呢？
- 如果你在生活裡的任何關係都能建立在勇氣之上，會有什麼樣的轉變？如果你勇敢去愛，一切又會變得如何呢？
- 你在什麼時候、在哪個情境中，會抗拒自己的感受？最後又是如何放棄抵抗的呢？
- 你的關係是建立在愛和勇氣，還是恐懼之上？

對他人及自己好一點，

你會看見新的可能。

第七章

仁慈

在上一章，我們看到要鼓起勇氣，以開放的心態過生活。仁慈的心則是延續著上一個篇章，是一種愛的實際應用。

以仁慈的心和勇氣一起行動，會創造出一種積極且永續的循環。這兩種態度能彼此鼓舞提升。在生活的每種領域中，實際去練習以仁慈的態度面對世界，你會發現一切都變得更加多姿多采。

我對「仁慈」這件事很著迷。我相信，我對其迷戀的程度已經為生活中各個層面及周圍的人，都產生了正面影響。看似微不足道的仁慈舉動，能創造出巨大的正面能量。

我希望你也能加入我，一起傳播更多善意。

「仁慈」，是指在任何情況下都善待他人，真誠大方地關心別人。

不管他人表現如何，勇氣都能使你展現出仁慈的一面。就像帶著愛的能量，當你面對他人因為恐懼所呈現出來的舉止，同樣有能力展現你的仁慈。

相反的，當恐懼操控了你的行為，仁慈的心可能也會變成你的交換條件，只有在遇到對你展現仁慈之心的人，你才會同等回報。

仁慈的力量無法衡量。仁慈是一種生活哲學。你不必成為德蕾莎修女，也能讓仁慈的心成為你的超能力。

對自己仁慈

就從你自己開始吧！你如果無法好好善待自己，卻想無條件分享善意給身邊的人，將會是極大挑戰。

你如何回應自己的想法呢？你有沒有發現，自己時常因為某些事情而自責？你是不是一直在心裡批評挑剔自己呢？你是否為了某些事情擔憂，想太多呢？還是你對待自己相當仁慈呢？

或許你的考試成績不如預期、沒有簽下你想爭取的合約，或是生意發展沒有如你期盼那樣快速。當你想到人生中或生意上最痛苦的挫敗時，腦海中浮現的是哪些想法？

對於自己的不足，你如何應對呢？犯錯時，你的反應如何？

觀察自己對這些事情的反應和回應。而且要記得，你或許無法掌控外界情況，但一定能控制自己回應的方式。你可以選擇怎麼想和怎麼做。

你會選擇用仁慈的態度來面對嗎？

始終以善意回應

「始終以善意回應」是一句強而有力、值得採納的話。觀察自己和他人在面對各種情況時的反應和回應，是十分有趣的事。

我們來看看「反應」和「回應」之間的不同。「反應」是一種快速衝動的處事方式，通常無法在各方面發揮最佳效果；「回應」則不同，多了深思熟慮的空間。與其快速回應他人，不如花更多時間，以善意去回應。思考過後的回應通常能創造出更好的效果，不管是在處理重要的生意交易、和愛的人談話，或是和陌生人交流。

想像一下，你收到一封讓你難過的電子郵件。如果你馬上做出反應，很有

「仁慈的心就像白雪，所覆蓋的一切都變得美妙。」

——紀伯倫（Kahlil Gibran）

可能會以沮喪的態度回覆對方。如果你能做個深呼吸，然後冷靜回覆，就能展現出真誠的善意，通常也會把對方帶到一個更加正面的情境。你可以有意識地多多練習，就能做到這一點。

電子信件的往返是很好的練習機會，你可以坐在原地，閉上眼睛，深呼吸，數到三（或一千），然後以善意去回應。

但是，如果是人呢？有人在言語上攻擊你，或是傲慢無禮，又該怎麼辦？

當你和別人面對面，要花更多

的意志力和勇氣才能保持善意。所以，當你感到熱血沸騰時，深吸一口氣，想想深愛的某件事或某個人，然後，盡可能以善意回應。

這一定不容易，但卻值得。

善意能夠化解莫虛有的負面能量

幾年前，為了遠離塵囂，我在舊金山租車，準備開往聖克魯斯（Santa Cruz）。我走進租車公司，望著等待取車的遊客隊伍綿延不絕，心裡不禁一沉。當我終於來到隊伍的前方，辦事的小姐顯得情緒暴躁，我也能理解她的心情。我相信處理觀光客事宜確實是在考驗一個人的善意容忍度。

當我完成文件手續後，我詢問她聖克魯斯的分店幾點關門。她大聲嘆了口氣，然後衝著我說：「我不知道。」

我的腦海裡想著：「這難道不是妳的工作嗎？」我感覺到一陣沮喪從心裡升起。但我提醒自己，完全沒有必要因為別人的暴怒而跟著焦躁不安。所以，我做了個深呼吸，在心裡重複著：「始終以善意回應他人。」

我拿出手機，查到了聖克魯斯分店的號碼，打電話給對方詢問營業時間。隨後，我帶著善意跟那位女店員分享這個資訊，並且確定自己絕對沒有帶著嘲諷或挖苦的口氣。

她看著我，而我彷彿看見她的心情從不耐煩中瞬間被釋放。那一刻，她似乎明白這個世界並沒有和她作對，我對她也沒有任何敵意。

那是很短暫的瞬間，卻充滿力量，讓我們兩人的心情都變得更好了。這件事最酷的地方在於，與惡意相向比起來，帶著善意回應並沒有那麼費力。

這位女店員露出笑容，把鑰匙交給我，並且驕傲地宣布將我的車升級為更大的車型。其實我並不想要，因為來自歐洲的我更喜愛小一點的車子（美國的中型汽車對歐洲人來說就像是卡車）。但我不想表現出不開心的樣子，所以我感謝她的好意，接過了鑰匙，發動我的豪華轎車。後來當我停下來吃午餐時，甚至狠狠撞上人行道，導致車輪爆胎。幸好有道路救援可以幫忙！

當你處於恐懼的狀態時，需要有意識和勇氣，才能以善意回應世界。就如同我們學習其他技能，愈常練習無條件地善待他人，事情也會愈來愈容易。以我個人來說，要在回應中釋出善意也需要保持勇氣，我喜歡重複「始終以善意回應」這句話。在許多情況下，這句話就像魔法一樣有效。

下一次，你會如何回應他人被恐懼所點燃的情緒？你能帶著善意回應嗎？

善良並不意味著盲目接受或為他人的行為找藉口。立下明確的界線，才不會讓別人用善意的名義來踐踏自己。當你堅定自己真實的想法，你就會為自己和他人帶著堅定優雅的善心挺身而出，而不是冒犯他人。

如果你被恐懼的心給綑綁，很有可能會表現出虛偽的善意，因為你會擔心其他人的反應，或是他們對你的看法，別人的想法會左右你的決定。讓勇氣成為你善良的基礎，並且相信別人也會對你釋出善意。即使別人並未如此相待，你也要有勇氣繼續保持善良的心。

無論別人的行為如何將你惹怒，即使在第一時間就讓你感到挫敗、暴躁或生氣，請提醒自己，「始終以善意回應」。看著某些人優雅而堅定地堅持自己的立場，是非常迷人的事。這是人類身上最吸引人的特質之一。漸漸地，你友善的回應方式會軟化別人的反應態度，激勵他們也這麼做。

前往善良的方向

要鼓氣勇氣，才能堅持善良的心。正如同先前提到的，當你碰上高壓的情況時，甚至要花更多的勇氣，才能以善意來應對。即使你不認同別人的行為或反應，仍舊可以選擇自己想要做出的回應方式。

無條件的善意是可以學習的。無論身處的情況或受教的方式為何，每個人都有善良的能力。

你或許會認為，這似乎有一點太樂觀了，你無法做到。我相信，毫無疑問——你絕對有能力做到。讓我們來看看，有哪些行為和信念，能支持你將更多善意帶進生活。

1 每個人都盡力而為

「每個人都已盡力而為」是我最欣賞的信念之一。「盡力」是取決於他們個人的經驗和他們告訴自己的故事。大多數的人天生就有一顆善良的心，有時卻因為痛苦的經歷和無能為力的故事而變得冷漠堅硬。

當你遭逢一場倒楣雨，或者別人表現出不禮貌的舉止，記得，他們的行為很可能與你無關。

當自己無緣無故被無禮對待時，很容易就會認定對方不是好人。但是，如果這個人剛好遇上了人生裡最糟的一天，或是剛得知某些壞消息呢？你無條件的善意很有可能對他產生積極的影響，並且引發一連串的效應。

「不是你的問題，是我的」，這句大受歡迎的分手台詞，在這裡也適用。別人的行為通常是受到他自己的故事和經歷的左右，鮮少與你有關，除非你故意當個爛人。所以，規則第一條：不要當個爛人！

即便人們的行為讓你存疑，你仍要相信，他們沒有惡意。我們每個人都有覺得不光彩的軟弱時刻。但是，「當個」爛人和「表現得」像個爛人，兩者之間有著極大差異。與其把某個人想成「是個爛人」，或許可說他是「表現得像個爛人」。不要去定義他人，這不一定代表他的性格，很有可能只是突發的舉動。

「每個人都已盡力而為」的信念，能賦予你保持善良的力量，帶領你走向另一種生活方式：為他人的成功出力。

2 為他人的成功出力

在絲路旅行途中，某次的觀察所獲深刻打動了我。

我經常得到陌生人，不分男女，給我一種「我接住妳了，妳安全了」的感覺。儘管在許多情況下，我們的膚色、政治及宗教觀有極大差異，但我確實感到一路上遇見的人都在為我的旅程共同出力。

我認為，騎摩托車旅行這種方式，會遭遇各種情境和突發狀況，但有些人卻願意選擇對我們伸出援手。這讓我十分感動，且心胸更加開朗，許多充滿人性光輝的時刻就此顯現，也讓我更加難忘。

當你帶著勇氣和滿足的心出發，為他人的成就出力，根本不成問題——只是付諸行動而已！這是一條多美好的生命之路。

你可以在各方面運用這個信念，無論是替對方減輕工作壓力、一起合作，或展露一個鼓舞人心的微笑。

有一天，在土耳其高速公路上，我騎在麥克的後方，從對講機聽到他的聲音：「哦，天啊，我們得停下來接受臨檢了！」

「終於！」我雀躍地回答他。「我們終於要和土耳其的警察打交道了！」我在擺著撲克臉的警察面前停了下來，脫下安全帽，面帶微笑。警察先生低聲說「merhaba」（「你好」的土耳其語），接著，對方要我們出示護照和駕照。

我下了車，帶著愉悅的心、輕鬆的微笑，以及一種「我會合作，讓你完成檢查工作」的態度，拿出我的證件。

另一名警察就站在他同事的旁邊，悠閒地喝著茶。我笑著看他，調皮地詢問：「Chai?」（土耳其語的「茶」）他嚴肅的表情露出一絲絲笑意，接著問我想不想喝點茶——至少我是這樣解釋的。我開心地點頭，接著他便引導我們把車停在警車旁邊。

五分鐘之後，我們已經坐在路邊，和土耳其的警察一起喝茶——真的，不過幾分鐘的時間，根本忘了要檢查車子這回事。

當我們再度騎車繼續前進時，其中一位警察甚至站在路中央指揮過往來車，好讓我們安全上路。

其實當時的車輛並不多，那只是他展現善意的一種方式。為別人的成功出力，讓你可以活得更勇敢；當你結交朋友而非樹立敵人時，你也會因此感到安心。你們永遠都能相互支持。

3 用眼睛看，不用嘴巴說

指著對方批評、責罵，已經是世界上許多國家的共同運動。「指責」這樣的行為正是出自恐懼，並不會帶來任何好處。除了減輕自己的負擔，把責任推給他人以外，這麼做並沒有解決任何問題。

「指責」是把權力移交給某事或某人。這麼做不利於勇敢的生活。與其責罵或批判他人，退後一步，觀察情況，你就能以善意來回應。

「停止批判他人」是一項值得好好練習的態度。「我的目標是，無論任何事或任何人看起來多麼瘋狂或不尋常，我都絕對不會有任何批判。」

我們很自然會批判他人，但你可以做到的是，少一點批評，多一點善意。

4 挑選你的口味

在摩托車之旅時，麥克最喜歡問的問題是：「如果這是冰淇淋的話，那會是什麼口味？」這指的是一種情緒、行為或情況。

「善意」也可以有各種不同的味道。請記得：如果你感到情緒上來了，做幾次深呼吸，直到準備好選擇自己喜歡的口味。

以下就是菜單：

香草巧克力碎片：以無條件的善意回應（香草巧克力碎片是我小時候最喜歡的冰淇淋口味，就是在香草口味的冰淇淋上淋滿巧克力碎片）。沒有什麼不可告人的目的，只有無條件的好意，這都要歸功於你的勇氣。

花生巧克力醬：以當下的狀況回應。當有人對我們有意見時，我們有時說不出話或是無力反駁。那就待著不出聲，讓壞情緒自己離開。當我的母親做出因恐懼而產生的反應時，這就是我唯一能回應她的方式，因為言語派不上用場。而且，坦白說，當下我也不知道該說什麼，所以我只能待在現場，展現出理解的態度就好。

薄荷巧克力碎片：以嬉笑的方式回應。這是一種最具挑戰性的作法，因為看起來可能會顯得不把對方當一回事，但卻能化解或減輕緊張的情況。最好的方式，是將自我解嘲和善意一起使用，之後再用嬉鬧的方式緩解氣氛。

當你要面對麻煩的情況時，選一個你喜歡的口味……他們都很美味，而且能在不同的情況下，完美發揮功用。

5 與對方同在，然後一起變得更好

我們常會掉入「拯救」的陷阱裡，認為自己必須去解救或改變更糟的人。但事實是，你沒有辦法改變別人——絕對不可能。

所以，不要浪費時間去嘗試！

人們只有出自內心地想要改變並且成為更好的自己時，才會真的付諸行動。認為自己應該或可以改變別人，都是自以為是的想法。

設身處地為對方著想，認同他們的困難，才能懂得他們的處境。與其告訴別人去做什麼，倒不如以身作則。

以善意帶領對方，讓他們選擇是否加入。當你帶頭用善意回應對方，很多時候，你將會看見身邊的人也跟著這麼做。

讓我舉個例子。

假設某人因為沒有準時收到你的快遞而在電話裡對你大吼大叫，與其怒吼回去，倒不如感受他們的情緒，認同他們的沮喪心情——這麼做，可以緩和緊繃的對話。

「我了解，這麼久才收到物品，真的相當煩人！我很感謝你讓我知道這件事，我們可以改善流程，確保同樣的事情不再發生。」

然後，注意對方的情緒轉折！每個人都想被聆聽、被認同和被理解。

不管對方反應如何，以身作則，保持善意。如果你無法說什麼，就靜靜待在現場，運用「花生巧克力醬」的方法，等他們發洩完畢。然後，你或許可以加點香草巧克力碎片進去。

旅行途中，我曾收到一個陌生人的訊息詢問我們的路線，表示想要做一趟路線相似的旅程。我那時沒有立即回覆，因為我們在路途上，沒有太多時間使用電腦。

過了幾天，他又傳來第二封訊息，表現了他的不滿。基本上他就是想告訴我，我不是一個好人。一開始，這讓我很不開心，我與這個人素昧平生，也不想承受這種情緒攻擊。但，我做了深呼吸，提醒自己香草巧克力碎片的方法：無條件的善意。而且我心想，「他已經盡力了。」

「持續的善意可以成就許多事情。就像陽光能融化冰雪，善意也能化解誤會、不信任和敵意。」

——史懷哲（Albert Schweitzer）

我先設身處地去認同他出於沒有立即得到回應而產生的不滿情緒。然後，我向他解釋，在騎車途中，回覆訊息的速度會比平常慢一點。接著，我把我的 Google 地圖分享給他。我試著指出，他其實不必這麼魯莽。但我知道，我可以做得更好，所以在心裡重複唸著「始終以善意回應」。

隨後，他的回應是為自己的過度反應道歉，並謝謝我願意分享地圖給他。如果我一直講道理，我相信他的回應就會完全不同了。

友善能創造奇蹟！

6 讓善意成為習慣

不斷重複「始終以善意回應」，直到變成習慣。

針對這句話，我和最要好的朋友們騎摩托車經過義大利時，彼此之間曾傳著一個笑話。

起因是，我總會忘記自己的麥克風，把麥克風留在安全帽外面，這樣朋友就無法透過對講機聽到我說話。所以，她有時必須大吼：「你他媽的把麥克風放進安全帽裡！」而我則是小聲回答她：「始終以善意回應。」這句話讓我們都笑翻了。下次當我成為那個暴怒的人，則換成我朋友對我說：「始終以善意回應。」接著我們兩人立刻又會大笑個沒完。

善意是一種選擇！

很多時候，我們很容易就會因恐懼而做出反應，而以善意去回應則更需要勇氣。當善意是出於真誠、不計較，也不要求他人同樣回報時，就會更具有難以言喻的影響力。

在生活的每種領域裡，你愈是無條件付出，就會愈覺得自己有勇敢生活的力量。

精靈的粉塵

這個世界需要更多善意。

你分享善意時的每一刻，都會讓這個世界變得更加美好。善意能使陌生人團結，能激勵你每天都活得更有勇氣。

看到你也致力於做個有善意的人，無論走到哪裡，都創造出充滿人性光輝的時刻，會讓我無比開心。

無論你選擇無條件的善意、活在當下或嬉笑的作法——帶著善意進入每一次的相遇，然後，看著恐懼消失吧。

善意，就像是精靈留在生活中的粉塵。

旅途中的旋律

- 我善待自己。
- 我時時用善意回應別人。
- 我為他人的成就出力，他們也同樣為我努力。

補給站：始終以善意回應

在接下來的一個月（以及未來的每一天），立志以善意回應他人！如果你感到沮喪、憤怒或被某些事弄得心煩意亂，請提醒自己，以善意回應。在你的心裡重複這句話，直到成為一種習慣。當你對這樣的作法駕輕就熟，即使面對負面情緒，也依然能用這樣的方式回應。

我邀請你一同加入友善的行列，將善意化為習慣。想要達到無條件付出善意這樣的層次，需要有意識的練習，但，一定能改變你的生活！

旅行日誌

拿起你的日誌，反思以下問題：

- 你曾經在以善意回應時面臨掙扎嗎？你記得自己無法保持善意的特別時刻嗎？你記得成功做到的時候嗎？結果是什麼呢？
- 你會想在哪裡、或是和誰，一同練習表現更多的善意？
- 「始終以善意回應」會對你或你愛的人，產生什麼樣的影響？
- 在生活中的哪個面向，會讓你想不顧一切地表現善意？
- 你認為什麼是無條件的善意？

永遠沒有最好的時候，

任何時刻都能開始改變。

第八章

接納不完美

生活中沒有什麼事物能完美無缺，但我們許多人卻因追求完美，而阻礙了自己採取勇敢的作為。

「萬事皆有缺口」，這個信念能讓你活得更勇敢，讓你勇於做出勇敢的決定、採取有勇氣的行動，而不是讓無法達成完美境界的恐懼感所擊垮。

你時常會看見許多人要等到「最佳時機」才能鼓起勇氣：要開始全新事物的最佳時機、要告別過往一切的最佳時機、挺身而出的最佳時機，與艱困對話直球對決的最佳時機，或是打包行李、朝夢想一輩子的冒險之旅前進，也要等最佳時機。

我們常會用一句「我只是在等待對的時間點」，當成逃避和沒有勇氣的藉口。如果完美的時機一直沒有到來，該怎麼辦？如果現在就是那個不完美的時間呢？

如果你意識到，自己不必等待最佳時機，因為沒有最完美的時機，你會採取什麼不同的行動嗎？

我有時會問自己：「如果這是我人生的最後一刻，該怎麼辦？我會在不完美的情況下仍舊勇敢上陣，還是等待更完美更好的時機來臨？」

完美是一種幻覺。和不完美當朋友，你才能與勇敢愈來愈近。不完美也沒什麼大不了，追求完美的代價就是停滯不前。擁抱不完美，而不是原地不動，你會因此得到更充實的生活、更加真誠面對自我的人生。

輕鬆看待可能搞砸和犯錯的機會。不管你拒絕一個機會，或答應一場冒險，你一定有可能會犯錯。

或許根本沒有一種選擇是錯誤的選擇，那會如何？

如果就是只存在不完美的時機，又該如何？

擁抱不完美，你就能變得更勇敢，即使知道臨陣退縮更容易，你還是會鼓起勇氣。即便這麼做不好受，你還是一樣勇敢面對。

接納不完美是一種習慣，就像活出勇氣也是一種習慣，有時候退而求其次也沒什麼不好。

表現出真實的想法，為人生做出最好的選擇，這才是一切的關鍵。

「不完美也是美，瘋狂也是一種才華，
荒謬至極都比無聊透頂來得好。」

——瑪麗蓮・夢露（Marilyn Monroe）

不完美也很有趣

不完美是美好的、有趣的，也讓人興奮。不完美能讓某些事更有個性。

生活裡大部分的事情都不完美。貼近那些最美麗的花朵去看看，你能看見有多麼不完美嗎？正是因為那些怪異、凹凸不平的形狀、微微彎曲的葉子，還有顏色各異的花瓣，才讓這朵花如此有趣。

或者，想想你崇拜的某些人之所以讓人喜歡而且著迷的地方，很可能正是來自於他們的不完美：右眼的小雀斑、嫵媚的笑聲、眼角的笑紋或是手臂上的胎記。這個世界上的每個人都是獨一無二的。你也是獨一無二的。只有一個與眾不同的你，以及本來就不完美的你。

你的所有怪癖，內在也好、外在也罷，讓你變成一個這麼有意思的人。

我不完美，也沒關係

不久之前，我剛結束一趟長途飛行，直接從機場開車到我家附近的按摩店。當我正付錢準備按摩時，櫃臺小姐興奮地告訴我，他們有最新的雷射技術，可以消除我的雀斑。我熱愛衝浪和泡在海裡，正因如此，我的斑點在這幾年裡倍增。我覺得斑點很酷。他們讓我記得夏天、充滿海洋鹹味的冒險，以及大海——這是我最愛的三件事。所以我婉拒了她提議的這項服務。

我的雀斑是完美的缺陷，我身體的一部分，是來自於我的生活方式。如果我長期住在天寒地凍的地方（像是我出生的國家，瑞士），或是長時間都待在室內，我的雀斑或許會少一點（皺紋也是！）。

人類盲目追求完美，增強了對不完美的恐懼感，這種感覺讓許多人無法鼓起勇氣活出精采充實的人生。想要達到完美的心態，其實都是來自於恐懼。或許你總是不停和別人比較，或是根本在和自己想像出來的情況比較，這麼做只會讓情況失控，往不理性的恐懼更靠近。

這個社會如今已為完美陷入過度著迷，也成為不去行動的藉口。我們寧可等待著完美時機到來，而非大膽嘗試不夠完美的行動。或許你很想寫一本書，但追求盡善盡美卻讓你遲遲無法下筆；或者儘管你的成長過程不那麼順遂，但心裡其實一直想要告訴父母有多麼感謝他們，卻找不到完美的時間點去做這件事；或者你想邀請某人一起去吃晚餐，卻一直找不到最佳時機。所以，你無所為地等待最完美的時機，卻不願勇敢地採取不那麼完美的嘗試。

根據你個人的價值觀、觀點和信念，重新去定義「完美」在你心中的意義——不是他人的定義。當你知道自己並不完美，而且每個人也都不完美，你就不會再提心吊膽，害怕失敗。你也會學著勇敢地採取不完美的行動。

帶著自信去擁抱缺陷，在不完美中怡然自得，這需要勇氣。當你這麼做的時候，你的不完美甚至會變得更迷人，更有吸引力。

令人難忘的缺陷美

演講時，我經常不會做到百分之百的完美。我知道，有時候遊走在完美和不完美之間，聽眾反而更加引頸期盼。因為這樣呈現出的演講更加隨性而不死板（比起修飾和演練刻板的匠氣好多了），也讓我對於自己的演講內容更加隨時保持警惕之心。

這不表示我就沒有做準備。我做好了萬全的準備，並希望所有聽眾離開時都能滿載而歸。但是比起字字句句斟酌力求完美，我更在乎人性、真實和不完美的一面。

當你能接納自己的不完美，就不必等待勇氣來臨。即便時機永遠不完美，你也永遠都能鼓起勇氣行動。

就是現在！

你不完美，所以，準備好失敗吧！

勇敢是失敗後再站起來

我也曾經失敗，而且幾乎是兵家常事，甚至樂此不疲（有時候吧！）……我當然不是自虐狂，是因為失敗教會我許多事，幫助我成長。你犯下的錯誤會支持著你，進化成為比昨天更好的人。失敗是你最棒的老師。

如果你從沒犯過錯，你就太小心翼翼了。勇敢的生活是伴隨著失敗，然後一次又一次重新站起來！

如果你想要變得勇敢，就必須承擔潛在的失敗風險。帶著感恩的心面對過去的教訓，以及未來可能會接踵而來的錯誤。

不要一直待在舒適圈！讓不完美的狀況加入你的生活，還有，小心陷入比來比去的陷阱。

比較的陷阱

為什麼我們如此執著於完美，希望一切看來零缺點，做事無瑕疵？許多對完美主義的執念，都是源自於不斷拿自己和別人做比較，因此讓內心出現了非常嚴苛、不理性的批評。這種執著只會讓你覺得自己不夠好，陷入更多的恐懼，而失去忠於自己的勇氣。

拜社群媒體所賜，我們現在總是能以更快更即時的速度去確認別人的動態，大家對「比較」這件事也更加瘋狂。

這麼做其實很不健康，而且一直追求事實上超乎你所預期的期望。或者，你想要追求某件事物並非因為內心的渴望，只是因為「別人」都這麼做、這麼表現。

這些比較心態只會讓你陷入不斷的猜疑，無法勇敢按照自己的心意生活。

所以，別和他人比較，只和自己比較就好。

和自己比較

我喜歡問自己一個問題：「我如何成為比昨天更好的自己？」這個問題能幫助我活得更勇敢，並忠於自己。

當我明白自己已經運用了所有的資源和能力做到最好，我就放心了。在某些時刻，我即便做到最好也並不完美，但我已經盡力。我並不完美，這也無妨，我知道自己不會因此退縮而失去勇氣。

不要和別人比較，要和自己比較。努力讓自己成為最棒的人。你可以問自己：「此時的我，如何成為最好的自己？」

為自己立下高一點的標準，不是基於其他人做了什麼或說了什麼，而是視你自己的情況而定。你該怎麼做才能持續成長，而不是讓自己不完美的地方阻礙了勇敢生活的腳步？

生活不是一場競賽。當你意識到我們都在同一條船上，不該排擠彼此，你就能接受自己犯錯。允許錯誤帶給你學習的機會，讓你的智慧更上一層樓。

在我們絲路之旅的途中，我時常感到自己四處被接納和包容。我從沒有因為自己不完美的見解、膚色或政治觀點受到批判。很多時候，這種感覺讓我動容。因為，不分你我，我們都是一樣的。

同舟共濟

我們大家都在一條船上，這是真的！我十分欣賞這個理念。當你試著採取這種信念，你自然更能接受自己和他人。儘管有不完美之處，你會選擇保持善良和同理心。

在我們的旅途中，有許多善良的人們會與我們分享他們的仁慈之心，我永遠都會珍惜這些時光。

我記得當我們從烏茲別克進入塔吉克時，發現弄錯了簽證日期，提早兩天抵達了邊境。邊境的官員看著我們的文件，嚴肅地告訴我們必須回到烏茲別克，兩天之後再入境。但我們無法回頭，因為麥克的烏茲別克簽證只允許他單次入境。

帶著沉重的心情和緊張的笑容，我用Google翻譯試著解釋這個情況。其中一位官員向我們揮手，要我們走到另一個房間，想釐清我們的困境。

那是一個微寒的雨天，坐在放著暖氣的房間，柔軟的床墊上，和邊境官員們分享點心，感覺真不賴！最後，我們花了幾個小時的時間，打了許多通電話，加上比手畫腳的交談，以及幾個善良的陌生人協助，才終於解決這個難題。也還得多謝當地的旅行社，讓我們最後還是拿到了新的簽證。這一切的經歷，讓我感到我們彼此幫助，無限溫暖。

對於這些充滿人性光輝的時刻，我永遠銘謝在心。

另一個讓我笑開懷且感到「同舟共濟」的時刻，是在土耳其的一條高速公路上。那時，我把車停在收費口。眼皮冒汗（這是高溫下騎車的獨特經驗，我之前甚至不知道會有這種狀況），我脫下安全帽，快速地喘口氣。收費口裡的一位女士，大概是難得看見我這樣騎摩托車的女人，用她百分百的土耳其口音驚訝地說：「哇，好厲害！」

我們相視而笑，相互讚美著對方。我相信我們都為彼此的那一天增添了些許色彩！如果我們之中有一方受到驚嚇、彼此較量，或是讓不安全感主導了彼此的態度，可能就錯過了這段美好時光。

不要讓恐懼感主導你，而錯過和陌生人交流的奇妙時刻。我們都不夠完美，但我們永遠可以彼此幫忙，同舟共濟。

微小片刻裡的完美

「太完美了！」是我面對大部分事情時最喜歡的回答——無論是朋友提議的菜單、我的伴侶訂好週末旅行，或是我哥哥挑選一起看的電影。

難道不會有更好的事出現嗎？可能有。但在當下，一切都很完美！這是微小片刻裡的完美，我也喜歡稱做「瞬間完美」。完美在於過程，而不是結果。

我偶爾看見有人總是在掙扎於不知是否該接受他人建議，像是餐廳、度假地點，因為他們總會擔心這不是最完美的選項，總覺得還會有更好的答案。

但，這麼做其實只會讓其他人感到洩氣，未來也不會想再提出建議。與其拒絕對方，為什麼不在這些微小的片刻中，找尋完美的亮點呢？能有人一開始就提出建議，這是多美好的事。當你試著順其自然（還有接受身邊親友的建議），你將會體會更多瞬間的美好。

即使在處理公事的時候，我發現自己在找出更好的解決方案之前，也常把「很完美！」掛在嘴邊。「瞬間完美」才能讓我們持續勇敢地行動前進，而不是停在原地不動。我知道我們有這樣的態度，就可以完成工作。我們不會拖延，尋找藉口，只因「還不夠完美」。我們能夠開始行動、測試、失敗、站起來、學習、改善，然後再來一次。

當你能帶著勇氣出發，就不會害怕跌倒。失敗、重來和重建都難不倒你，因為這些只會讓你進步，提升你和周遭的人。你勇於嘗試，如此一來，也能獲得動力，並在一路上調整自己。

擁抱不完美並不意味著甘於平庸。我非常熱愛持續進步。事實上，我相信，這也是我在事業裡主要的角色之一：持續精進我們所做的每一件事。

不要甘於現狀或懶惰。學著在微小的片刻中尋找完美，然後繼續進步並且勇敢處事。

擁抱不完美是一趟旅程。獎賞則是充實、勇敢和豁達的生活。

你不完美，也沒關係。我們都一樣！

旅途中的旋律

- 我不完美，也沒關係。
- 不完美才有趣、美麗，而且更真實。
- 完美就存在微小的片刻裡。

補給站：慶祝瞬間的完美

接下來的一個月裡，透過接受微小片刻的完美的方式，專注於瞬間的完美，而非不斷追求更多。

當朋友提出建議時，請回答「太完美了」。在不夠完美的時刻找出樂趣。

旅行日誌

拿起你的日誌，反思以下問題：

- 如果你知道現在並非完美時機，卻正是採取行動的時刻，你會做出哪些勇敢的決定？
- 你會和誰或什麼事情不斷比較嗎？感覺如何？
- 該怎麼做，你才能成為比昨天更好的人？
- 要向勇敢生活更靠近一步，你可以嘗試著做哪些事，即便那並不完美？
- 在生活中的哪些方面，會讓你冒出自己不夠好的念頭而無法勇敢面對生活？
- 假使你不怕失敗，你會勇敢做出什麼決定？
- 「同舟共濟」的信念，會如何改變你和別人的互動方式？

當你放開手，

才能擁有一切。

第九章

放下執念

想要活得勇敢，放下執念是最有力量卻也最難達成的方法之一。當你能擺脫執念，你的決定和行動也將會跟著解脫。當你不再擔憂結果，開始專注於眼前的事物，你就能讓勇氣取代心中的恐懼，帶領你繼續前進。放下執念會帶來強大的力量，如此，恐懼就不會再有竄起的空間。

人擁有慾望是自然的，也沒有理由反對這件事。但是，當你能讓自己從慾望中抽離，就能勇敢做出決定。你知道凡事的結果皆有其意義。無論最後是好是壞，事情就該如此，世界也會如常運作。

記得，宇宙一定會支持你！

心無罣礙的力量

放下執念不表示無需努力，當然更不表示就要做個無知或逃避的人。

幾年前，我在一場冥想課程裡，第一次聽到這個概念。其中一位老師提到這件事，讓我從白日夢中醒來（被逮到了！不好意思，我沒有全心投入在冥想課程中）。這個概念立即在我內心深處引起共鳴。

「執著」能以不同的樣貌出現：放不下你擁有的物品、情緒、主意、結果或想法。「執著」也是導致許多恐懼情緒，像是嫉妒、憤怒、受傷、失望以及生氣的主因。例如：執著於一段關係帶來的某種結果，就會產生嫉妒、渴求或是不值得的感受。依戀於某些事物，則可能會表現出貪心、對權力著迷或是害怕失去的非理性情緒。

練習放下執著，不是要你做個冷漠或沒有情緒的人，而是放下你無法掌控的事物。你只能控制你的選擇、行為和行動，卻無法掌控未來會發生什麼事。

一旦你從這些執念裡解放，不再擔憂可能會失去某樣東西或某個人，能對這些事情全部放下，你就會感到難以置信的自由，也不再會感到恐懼。

放下執著會讓你勇敢盡情地活在每一刻，不再擔心未來，也不再掛念過去的事，並且意識到自身的幸福或快樂並不取決於外界的人事物。放下執著，能讓你以勇氣及開放的態度，去擁抱生活裡的不確定性，讓你對生活抱持著更多玩心及隨性，最後，踏上充滿勇氣的道路。

「放下執著不是說你不該擁有任何事物，

而是不讓事物擁有你。」

——阿里・本・阿比・塔利卜（Ali Ibn Abi Talib）*

我一直在挑戰自己，減少對物質的執著。我知道擁有一些不錯的物質享受感覺很好，但這些事物並無法支持你邁向最好的生活。

老實說，我還有很長的路要走，我也無法完全放下擁有或經歷過的一切，但我刻意練習放下執著。有些時候比較容易做到，但有時，我也常常會屈服於自己和他人的慾望和期待。

幾年前，我和一位朋友在社區的咖啡店吃早餐，一位漂亮的女士走到我們的桌前，詢問我身上的外套是在哪裡買的。我是在一趟紐約的旅行時買的，對這件外套沒有任何感情，所以我決定送給她。她收到禮物的開心之情遠勝過我穿在身上時的那種快樂。

我承認，當下確實也有點捨不得，一股「我還會想再穿上這件外套嗎？」的念頭閃過心中，但結論是我不會。她的喜悅和感激之情是無價的。如果有人問我能不能送出我最喜歡的藍色皮夾克？不！我完全割捨不下。我永遠都要學著放下執念。

另一回，我走進我家附近的咖啡店，穿著一件印有西雅圖知名的瑞尼爾山（Mount Rainier）的上衣。櫃臺小姐很興奮地告訴我，那是她的家鄉所在地。我問她是不是很喜歡我的上衣，當我脫下來送給她的時候，她睜大了雙眼。別擔心，那時正值夏季，我裡頭還穿著比基尼，而且住的地方離那裡只有一步之遙。大約一年後，我為同一家咖啡店召開品牌策略會議，在辦公室裡，那位西雅圖小姐就坐在我的對面。我們認出對方的當下，兩個人不禁都笑了出來（這一次我沒有脫掉衣服了！）。

這一切聽起來富有禪味，但老實說，在這兩種情況下，外套和上衣都不是衣櫃裡我最愛的東西。當然，對我來說，要割捨掉這些非常容易。

放下永遠都需要練習

在摩托車之旅的最後一站，從提比利斯回雪梨的途中，我忘記自己在手提行李中放了四把瑞士小刀。我帶著這些原本是想在旅途中送給陌生人，或是如果遇上麻煩可以用來賄賂（特別是對警察而言，非常有用！）。

很可惜，最後這些全都進了海關的垃圾筒，因為我一路都忘記了它們就在我的手提行李裡面。我焦躁了大約十五分鐘，在腦海裡想出各種「假設」場景：假如我把它們留在我的摩托車裡；假如我記得在路上送給別人，他們會多麼開心而感激地收下；假如我記得放進托運行李；假如海關相信我編出的各種藉口……假設已經沒有意義了，只是我需要一點時間去放下，並且釋懷。

在越過烏茲別克的邊境時，我們也是花了一點時間，才從「打碎無人機」的事件中走出來。

從土庫曼前往烏茲別克的途中，我們被告知不得攜帶無人機入境。有幾個海關同情我們，試圖說服有意依法行事的同仁破例——例如建議在我們的行李上加鎖，這樣我們就不能使用無人機。但，經過三個小時，我們仍然滿腦子疑問，而且問題也沒有解決；然後，一位板著臉孔的女性海關告訴我們，必須回到兩國的中立地把無人機打碎。

於是，一位滿臉歉意的海關人員跟在我們身後，一同走到土庫曼和烏茲別克兩國的邊境之間，親眼看著我們打壞無人機。接著他還把碎片拋向各個方向，任憑碎片留在現場。

這一切似乎都太荒謬了！我覺得很憤怒，花了一段時間才從這次事件走出來。看來衣服送人還是比較容易一些。

放下執念的三步驟

這裡有三個步驟可以練習，你可以運用在對結果、人、想法、物品、情緒、經驗或任何情境。

1 釐清思緒

首先，透過釐清你的想法、意圖和目標，了解你想要什麼。明白你的真實想法後，就不再動搖。

2 開始行動

接著，無論你要做什麼，都要傾注所有精神，包括工作、關係、冒險、愛好或是生存方式。現在就開始盡力去做。舉例來說，你選擇勇敢生活，現在你就可以全心全意，透過閱讀這本書、運用這些方法，去做出勇敢的決定、犯錯、重新站起來、改變自己，並且勇往直前。

3 放下執念

最後，不要執著於結果，因為到頭來，只有你能影響自己的作為。你無法掌控市場經濟的走向、太陽明天會不會出現，或是別人會否回應你的期許。然而，你一定可以選擇自己的決定和行動。

你已經盡全力做到最好！肯定自己目前所表現出的勇敢程度。你正朝著更加勇敢生活的路途前進。勇氣就是一段旅程。

未被滿足的期望

未被滿足的期望，通常會引發由恐懼而生的想法、情緒跟舉動。一旦執著於某種期望，恐懼感可能就會冒出來。

你可能暗自期望摯友能在你五十歲的生日派對致詞，但是他卻因為害怕在眾人面前說話而沒有任何發言；你或許會感到失望或不滿——這個未被滿足的期望就喚醒了恐懼感。

或者，你可能期待另一半在週年紀念日時買花給你，結果他並沒有這麼做，你就陷入不被愛的恐懼之中。

沿著絲路的旅程，提醒我放下期望才能享受當下的片刻。漸漸的，我也受邀（或被迫）放下心中每個期望。

我記得在吉爾吉斯的一個下午：那天時間已經很晚了，根據google地圖，我們離下榻的地點還有幾個小時路程。我們又累又餓，而且天氣實在太冷，只能一路想著熱水澡和熱食的誘惑，彼此催促著繼續前進。

而我們和google地圖都不知道的是——前方路況有多麼糟。由於我們行駛的速度相當緩慢，所耗費的時間從三小時變成五小時，然後是八小時，最後是十五小時！顯然，我們不可能抵達住宿地點，除非我們想騎一整夜的車，而且一路上也太危險了。最後，我們在不知位於哪裡的半途中，那裡根本放眼不見人煙，所以我直接提出建議，就騎到太陽下山之前，然後找個地方搭帳篷吧。

就在我放下了所有的期待之後（在舒適的夜晚吃飯、洗澡和睡覺！），我從心急且無法享受風景的狀態下，瞬間開始享受起泥濘的路程和圍繞在我們身邊的自然美景。那回的心態轉變讓我印象深刻。

那一夜，我們最後停靠在幾個蒙古包附近搭起帳篷，當地的孩子用驚訝的眼神看著我們。我們沒有洗澡或進食，麵包甚至還結冰了。但是，那一夜也成為旅途中最難忘的經歷之一。在群山圍繞的美景中醒來，乳牛甚至就在我們的帳篷前面進食，真是特別的經驗！

執著於成果會讓你的能量消失。你無法掌控情況或別人的行為，但你可以選擇怎麼應對。我無法控制路況，但我可以選擇自己的作法和對事物的感受。多虧我放下期待並接納當下，隨之換得的是平靜及意想不到的美景。

當你明白自己是誰，為自己的理念奮戰，捍衛自己的立場，即使結果不如預期，也更能享受過程並且放下執念。你的快樂和滿意程度多半取決於你自己的期待。當你放下一切，就會感到心滿意足。

你愈能放下期望，就愈能找到平靜、喜樂、幸福和滿足。

不要害怕一無所有

讓我們來試試看這個方法，然後邁向下一個全新的境界！

生命中的許多事物都是短暫的。

你的情緒、想法、身體、事業、關係——他們都不斷在變化，並且發展出不同的樣貌。但，大多數的人卻抗拒改變。改變讓人難以捉摸，而且讓人感到不適。我們對於某些事物充滿依戀，緊抓不放，即便早已物換星移，那些人事物也不再適合我們——這全都是因為，我們害怕改變。

如果你今天就要失去一切——房子、人際關係、事業、財產——你能接受嗎？你活得下去嗎？你能重新站起來嗎？

花點時間想想。在放下執著的過程中，我也思考過許多事。如果你能放下所有的慾望，甚至失去一切也無所謂——你就能變得更自由，活得更有勇氣。

當你能達到生活中的平靜狀態，內心明白無論發生什麼事都不會在意，那麼恐懼感也無法阻撓你做出任何決定。

如果你能平靜接受生命中迎面而來的任何事情，你會做出什麼決定？你會採取什麼行動？你想改變什麼？你想為什麼事物挺身而出？

提到挺身而出，我們來看看人類美德中，最無私的那一面——無條件的慷慨付出，這種動力正是源自於放下對所有人事物的執著，才能做到。

無條件的慷慨付出

花了幾個小時，在顛簸的路上，穿越了喬治亞最迷人的風景後，我和麥克在山上休息站，一間小小的木造屋前停了下來。一位中年男子正在販賣手做食物。我感到飢腸轆轆，所以就買了一個看起來像餅乾的東西。我們在他的攤位旁坐下，俯瞰腳下的山谷，欣賞眼前的美景。

過了幾分鐘，那個男子將一袋新鮮的麵包、番茄和起司送給我們，指著我們身旁正在吃草的乳牛，說：「這個起司就是用牠的牛奶做的。這就是所謂『從農場到餐桌』。」他坐在我們旁邊，安靜地抽著菸，臉上掛著開朗的笑容，看著我們迫不及待分食他免費送我們的禮物。他的舉動是出於完全的慷慨，不期望任何回報，只是想分享他的食物。他十分享受和陌生人相處的寶貴時刻。我掏錢給他，他卻不願意收；我反而私自懊惱，希望不要破壞這美好的一刻。

還有一回，我們騎在塔吉克著名的帕米爾公路上，我的輪胎破了。這一路崎嶇的路途，讓喬治王的輪胎吃不消。我們困在海拔四千公尺、風景壯麗的帕米爾山區，麥克的修車技能終於在此時派上用場。在他修理輪胎的那個小時裡，有四輛卡車經過，每一輛都停下來想幫忙。其中一位卡車司機，甚至從車窗拿出了新鮮的麵包和核桃送給我們！因為有他的慷慨解囊，我們才能在路邊野餐，享受山頭被靄靄白雪覆蓋的美景。

沒有期待，也不執著於結果，這樣的無條件付出，確實讓世界得以運轉。

那麼，為什麼，我們現在如此習慣了有條件的付出呢？或是有條件的愛和善良？為什麼我們時常期待得到某種結果，只為了不如預期就感到難過？因為我們已經習以為常了。但，我們還有其他選擇。為什麼不改變這些舊習，努力成為不計較的人呢？與其陷入自己的期望之中，倒不如勇往直前，無條件的付出愛和善意。

你如何在生活中試著無條件地付出呢？做一件好事時，別要求回報。實踐這一點的好方法，就是對那些無力回報的人，展現你的慷慨。

人生不是一場針鋒相對的遊戲。

盡力而為，放下期望，拋開對一切的執念吧。

我想念喬治王

最後一次騎車經過喬治亞的提比利斯時，我感到一股悲傷席捲而來。我知道自己已開始懷念在摩托車上冒險的日子。「去他的依戀！」我從對講機裡笑著對麥克說，「我會想念喬治王的。我覺得心裡好沉重！」語畢，我們笑了，繼續聊著我的依戀話題並開起玩笑。

我們能盡力練習放下執念。我有時還是會想念起喬治王，那也沒關係。讓那股執念帶來的情緒從你身上離開，不必抗拒，也不必因為放不下而難過。這是人之常情。放下對情感的依戀吧！

每天有意識地提醒自己，不斷練習，你就會開始進步。

我還是會陷入執著——而且很多次！

當我發現自己又陷入了以往的行為模式時，我會觀察自己的想法、感受和舉動，然後試著調整。

有時候我做得到，有時候卻很困難。與其因為無法放下而沮喪，我不再惦記那些做不到的事，而是認同自己現在所處的情況和感受。

要持續練習放下執念，需要勇氣。你放下得愈多，你的決定就愈不再受恐懼的影響，更能勇敢做出決定。當你需要提醒時，記得回來看看這一章。

請明白，就算有一天你將一無所有，你也能夠撐下去。我們同樣面對過這樣的處境。

而且，請記得，即便有時你感覺不到，但，宇宙永遠會做你的後盾。

旅途中的旋律

・就算失去一切，我也能平安無事。
・我努力生活，不再為事物掛念。
・我明白——我能處理生活帶給我的所有課題。

補給站：如果你失去了一切？

你可以思考「如果失去一切會如何」這個問題，直到你能夠接受這個假設，直到你覺得自己真的一無所有也沒關係。試著去揣想你真的失去一切，讓自己置身在那個情境中，找出自己的答案：你會沒事嗎？你能處理好嗎？你會重新站起來嗎？

我打賭，你可以的！

旅行日誌

拿起日誌，反思以下問題：

・不去執著於結果的話，你會做出什麼勇敢的決定？
・在生活中，你現在感到最放不下的是什麼？
・是什麼牽絆著你、阻擋了你，讓你無法勇敢生活？你必須放下什麼？
・你最想放下生活中哪些執念？你的第一步可以從何開始？

＊生於六〇一年，先知穆罕默德的堂弟和女婿，將畢生奉獻給伊斯蘭教。

坦然面對生活，

順流逆流都是好風景。

第十章

順其自然

優雅地順應生命的走向，讓生命之流帶著你，通往最神奇、不可思議的神祕之境。相信生命之流，不要拒抗，你就能夠勇敢生活。

當你擁抱生命的起伏，就不會輕易讓恐懼上門。因為即便事情發展不如預期，你仍然可以繞過障礙，修正路線，就像水流一樣。

不要抗拒生命的走向，與其優雅共舞。

這個章節，是要幫助你變得更有適應力。擁有適應力是一種優點，可以讓你更輕鬆地過生活。事實上，在今日步調快速的世界裡，這是十分重要的技能之一。社會變化的速度正在加快，對於努力適應世界節奏的許多人而言，「改變」會帶來許多恐慌。

當你能夠順其自然，輕鬆地適應變化，你就能看見推動人類進步各種精采的潛在力量。選擇看見機會，去改變、適應、提升並進化到下一個階段。

如果任由恐懼主宰人生，你會經常感到自己無法突破，這是因為你一直讓自己待在舒適圈才有安全感。但是，讓自己陷入恐懼，只會讓你無法去適應新的地方、人或情況。

「能存活下來的，不是最強壯、最聰明的生物，
而是最能適應變化的。」

——達爾文（Charles Darwin）

適應力是最神祕的力量

在摩托車冒險之旅中，我想要擁抱同時測試順其自然和適應變化的生活態度，所以在沒有縝密計畫的情況下展開了這趟旅行，讓生命帶領我前進。我希望落實本章的方法，看看是否真能讓我更有勇氣面對旅途裡各種情境。

為了因應各種突發狀況，我們的旅行計畫其實相當具有彈性且粗略，如此才能有容納更多人事物一同加入這趟旅行的空間。畢竟所有發生在旅途中的人事物都是難以預

期的，或許更多好玩的事情是我們沒見過也沒試過的。這樣的決定，也確實為旅程帶來了許多巧合的瞬間和難忘的經驗。

在喬治亞的一個美好早晨，我們決定花一天的時間，騎去人煙罕至的地方，探索山間風景如畫的小徑。

黑夜漸漸降臨，我們距離預計要留宿的小鎮還有幾哩遠。全程崎嶇的道路讓我們兩個人都感到精疲力盡，所以，後來我們沒有抵達目的地，而是選擇進入眼前的下一個村莊，結果發現了一家可愛的精品酒店。很快的沖了澡後，我們在大廳的酒吧碰面吃晚餐，並享用了一些喬治亞葡萄酒。

那時候，廚房已經休息，但酒吧還在營業。所以我們從菜單上點了兩杯酒，隨後又點了幾杯。最後飯店老闆和幾個他的朋友們，在院子裡圍繞著我們一同坐下，一邊分享當地的葡萄酒，一邊提供我們當地的景點資訊。因為我們不會說喬治亞語，所以手語和手機上的圖片完美地發揮功用。我們的喬治亞語和他們的英語，就在共同品嚐葡萄酒時也一起進步了。

飯店的老闆告訴我們，距離飯店一個小時的路程，有一個座落在山邊的古

「你無法阻止海浪，但可以學習駕馭海浪。」

——喬．卡巴金（Jon Kabat-Zinn）*

老岩洞修道院，但是卻與我們預定前進的方向相反。隔天，我們立即更改計畫，轉而前往那座修道院。那一天也成為我們旅程中最神奇的路途和時光之一（除了宿醉以外）。

某些深刻且完全沒有料想到的經驗，就此出現在我的生命裡。而這些確實也常是因為我放棄了自己原本的計畫。

我喜歡「駕馭生命海浪」的比喻。海浪的力量是很強大的，你愈是對抗，就愈可能在海中待得更久，而且很快就會無法呼吸。與其如此，你可以學著衝浪。突然間，看似阻礙的事物，就會變成你能達到完美演出或幸福狀態的最佳好友。

無論是從實際面而言，或者只是打個比方——就算你不想學衝浪，你也可以讓海浪沖刷著你，讓身體放輕鬆。比起和海浪的暗流搏鬥，這麼做反而還能讓你更快地站起來，重新呼吸新鮮空氣。

像水般順其自然

沒有任何一條天然的河流，完美筆直，毫無彎曲。每條河流都有曲折之處。人生也不是一條直線，在你的人生旅途中，也會有許多意想不到的十字路口。

當你遇上阻礙，請想像自己像流過石頭的水一樣。不要與石頭對抗或假裝石頭不存在，只需要找一條不同的路，就可以越過這些石頭。有時不費力氣就能越過去了，有時你會卡在一顆石頭後面，直到能再次自由流動為止。

每當你遇上挑戰或陷入困境，提醒自己這個比喻。如果你與困境抗爭，很有可能會耗盡力氣。

當你用河流的心態來處理重大的決定時，就會自然地走上依隨你心的道路。你會勇敢行動，相信周遭的人事物都會順其自然地進行。有些門可能不會為你而開，那就不是屬於你的道路。或者只是提醒你重新換一把鑰匙或另一種方法。相信你的直覺，直覺會告訴你前進和放手的時機。

我在日內瓦大學求學（Geneva University）期間，決定找一個可以留學的地點。我先前從未去過澳洲，有股動力想去探索這個偉大的島國。

我申請了雪梨大學的獎學金。經過幾次的面試和英語測驗，我被錄取了。我很興奮，也有點緊張。我會喜歡澳洲嗎？我覺得會。前往澳洲的航程中，我坐在一位年輕的德國女士身旁，在我們降落於雪梨之前，她要我保證已經知道了澳洲每種致命的動物。

抵達澳洲前，我其實沒有找好住宿和工作，總覺得到了當地再去處理比較容易。我先是在一位朋友家待了一週，花了幾天尋找落腳居住的地方。我並沒有在瑞士就提前安排好一切，而是選擇順其自然，也因此讓我能夠在喜歡的海灘附近找到郊區的住處。

至於學費來源，我走進一間看起來很酷的酒吧，和老闆談了一會兒，便談到了在那裡工作的事。他們不知道我對雞尾酒根本一無所知，我不懂得任何啤酒品牌，甚至連怎麼發音都不會（感謝好心的調酒師朋友們後來教了我那些，並且一直幫忙支持我）。我最後和DJ成為朋友，開始在鎮上不同的酒吧和俱樂部彈奏薩克斯風，這比調酒工作的薪水還高。

如果我不是這樣順其自然，而是選擇留在舒適圈，待在家鄉安全的環境裡，我的人生可能會徹底不同。誰知道，也許我會嫁給一個英俊的瑞士農夫，整日飼養牛群，騎著馬穿越森林。

這聽起來也不賴！

誰知道明天會怎麼樣？當你順其自然且保有彈性，就不需要知道一切怎麼演變，因為你會學著享受駕馭人生的潮浪，而不是想著怎麼抵抗。

「只有改變是唯一不變。」

——赫拉克利特（Heraclitus）**

萬物皆有期

請記住，萬物的生命都是短暫的，沒有什麼是永遠不變。你所處的環境、生活、想法、人際關係、情緒和需求——全部都不斷地在改變。每一件事都會改變。

你愈是學著放下，愈是抱著順其自然的心態，就能活得愈勇敢。

將「改變」看成值得開心的進步，即使有時讓人難以招架。許多時候，歷經改變最終會將我們帶往更好的境界，雖然我們在發生的當下不一定能發覺。

願意做出改變，擁抱無常，可以讓你活得更勇敢。因為你明白，即使事情沒有順著你的心意發展，這些不順遂的結果也只是一時。你也會明白，如果現在就被眼前的障礙困住而動彈不得，那裡也不會是你「永遠的位置」。

還記得那些難受的日子嗎？當你的人生陷入突如其來的阻礙之中，你心想著這一切何時才會結束；這些困境可能會持續幾個小時、幾週或幾個月。甚至你可能現在正處於困境之中。

你曾看過運動員站在欄杆前大喊「滾開！別擋路」嗎？還是看著懸掛的繩索大叫：「愚蠢的繩子，我恨你！」

沒有！他們通常會試一試，然後突破關卡。在過程中，他們或許會跌倒和受傷，但仍然會爬起來繼續走下去。

但是在生活中，我們卻會因為「這不公平！」發脾氣。沒錯，有些事情看似不公平，但對著阻礙大喊並無法改變事實。順其自然能幫助你挖掘勇氣，你就能優雅地越過障礙。

生活裡的阻礙在所難免，但是只要轉個方向或越過這些障礙，你就會更加茁壯。

順其自然的光譜

不同的人，適合不同程度的順流心態。有些人靠著無法預測和多變的生活而成長，有些人則喜歡多一些可控性和架構。每個人都處在一道光譜上，從熱愛不按牌理出牌到循規蹈矩，什麼樣的情況都有。

如果你對於難以掌握的情況較難接受，你就會想待在穩定度和可控性高的光譜那一端。穩定的工作、一致的例行事項及對假期的縝密規畫，會讓你感到更安心。在這道光譜的尾端，你喜歡掌控事物，未知的事物自然就會減少許多。

如果你正如上述情況，你就會想極力避免面對過多的變數和不可預期的因素；當你面對混亂而不知所措時，會感到不舒服，有時甚至還會抓狂。與其瞬間就做出重大改變，你可以一點一點在生活中加入一些小小的「順其自然」來砥勵自己——像是改變上班路線、讓你的另一半選擇晚餐的地點而不去擔心他的選擇「正確」與否，或是在週末時隨性的來一場冒險。

在這道光譜的另一個盡頭，如果你熱愛變化、無法預期的事件和不確定感，當個冒險家或做一份不受例行事物影響的工作，會讓你像在家裡一樣怡然自得。在抵達目的地前完全不知道要在哪裡過夜或用餐，你都覺得無所謂。你可以非常快速的適應變化。位於光譜這頭的你，較有可能全心全意接納未知。

我們大多數的人都落在這道光譜的中間。無論你落在何處，你都可以練習在生活中增添更多變化。你能自己做出決定，一次一小步的改變。你會發現，愈是有意識的練習，承擔風險的意願也會愈高，你愈能勇敢做出決定。

觀察一下自己的行為和模式。你是不是時常想要控制所有的情況、人或結果？發現自己太過死板或執著於某些事件時，請記得自我提醒，保持靈活並且順其自然。

如果你正身處在一段情感關係裡，這麼做有助於你覺察自己和另一半在光譜的位置，也更能尊重彼此的需求。你們其中一人可能已經規畫一週的用餐計畫，另一方或許直到星期六早上才想要規畫當天要做什麼。知道彼此對變化的

「讓改變更有意義的唯一作法就是投入其中、順其脈動，與之共舞。」

——艾倫·沃茨（Alan Watts）***

可接受度，能夠避免誤解和沮喪的感受。

無論你身處光譜上的哪個位置，想要活得更勇敢，你必須有自覺的行動，更加適應變化的潮流。請記得，改變是必然的，只要保持順其自然的心態，就能擁有冷靜的思維和勇敢的心。

順其自然的方法

無論你對變化的容忍度有多少，都沒關係。好消息是，無論你過往發生過什麼事，你都可以學著擁抱變化。以下六個練習方法，能幫你更加適應變化，增加你的勇氣指數。

1 不疾不徐地前進

順其自然不代表你就是順著海浪漂流，等著某人來解救你。如果你夠了解自己，你會知道何時可以優雅地前進。

舉例來說，假設你在同一間公司工作了五年，卻一直沒有升遷。與其等著老闆注意你、提拔你，或許你可以更加主動地展示自己的價值，並和老闆討論升遷的機會。往前邁進一小步，就能走更長遠的路。

我記得在前往土耳其的路途中，因為摩托車的註冊問題遇上一些官員刁難。坐在邊境的海關裡，我知道自己耐心不足——當我意識到這點，就立即告訴自己：可能得花更多時間處理文件，但我們可以不疾不徐地完成這個工作。最後，我們花了幾個小時，完成了一堆不合理的文件手續。正當我們認為一切都完成了，所有當班的人員在蓋下最後的核准章之前，又先花了兩個小時吃午餐。我們也順其自然，和提供我們茶水的管理人員們做朋友。原本是一個討人厭的回憶，也變成了有趣的經歷。

即便你希望事情能快速前進，你也可以帶著優雅有趣的心情，以及一點點想改變的態度去執行。清楚知道自己想要的是什麼，當你開始前往目的地，保持自身的彈性。發脾氣或不理不睬的態度，也無法快速解決問題。

然後，就是和「臣服」交朋友的時候了。

2 臣服，然後心悅誠服

「臣服」是「變化」最要好的朋友。雖然前進需要勇氣，但做到「臣服」則更需要勇氣——放開一切控制，接受發生的所有事情。當你這麼做的時候，你就為勇氣打開了一扇窗和發揮空間。

這讓我想起練習瑜伽的情景。我們的身體無法做到某些姿勢，但我愈是用力扭成蝴蝶餅的樣子（這些姿勢有更專業的名稱），我的身體愈是抗拒。相反的，當我愈是放鬆去做，就愈容易成功。

有時候，我們很可能自己就搞砸了最好的機會，只因為情況看起來很可怕，或是我們不知道接下來會發生什麼事。當你能順應著自然發展，你不必知道接下來的每一步該往哪裡走，因為你懂得在沿途中找答案。順應局勢，對於生活裡的變化心悅誠服，你就能活得更勇敢。

我們無法阻擋生命中的絆腳石，但可以像變色龍一樣，學著臣服、順應，調整自己。

3 變色龍

我喜歡「變色龍的智慧」。這樣的智慧可以幫助你在尷尬或不合適的環境中調整自己，並感到自在。就像變色龍一樣，在表達、穿著或舉止上保有彈性和調整空間，卻不會迷失自己。你不必做出任何妥協。我們每一個人都非常複雜，性格裡包含各種不同的面向。接納你自己所有的色彩！

學會擁抱不確定感，就能讓你面對各種情境挑戰，讓你在任何情況下都感到游刃有餘，就算是你平常可能感到不舒服或和自己氣味不相投的地方，也同樣自在。

舉例來說，當我和朋友去玩擲斧頭比賽時，我會穿上運動鞋而非高跟鞋，偶爾還會冒出瑞士語的髒話。但當我和高階執行長碰面時，為了表現出優雅的一面，我會選擇穿上洋裝或牛仔褲配高跟鞋，而且絕對不會說髒話（我不會穿上套裝或是公司制服，那也不是我的風格）。

要在大多數情況下感到輕鬆自在，就必須同時做到誠實面對自己和順其自然。如果你能忠於自我，無論身在何處都能做自己。而且，當你透過內在而非外界來認定自己，你也能順應大多數的情境。周遭的人事物都無法動搖你的決定，只有你能改變自己。

當然，在某些地方和團體裡，你或許會認為，使用變色龍的智慧也無法讓你感到自在。當然，你也可能會選擇完全退出某些團體。

我記得，某年在聖地牙哥受邀出席一場華麗的商業晚宴。我穿上最愛的高跟鞋、緊身褲和一件黑色襯衫，期待能認識志趣相投的人。走進位於聖地牙哥市中心那家別緻的餐廳時，放眼望去，我發現幾乎沒有其他女性在場。

這場晚宴是由一個全球性的組織所舉辦，我受邀是因為會員的身分。而成為會員的門檻之一，是必須經營一間營業額至少七位數的公司，因此女性會員的數量確實少了一些（我主張要改變這一點）。一開始，我覺得身穿華麗套裝的與會者並不是真想和我深談，只是想知道我為什麼會出現在那裡，認定我是某企業家的夫人而出席。這麼久以來，我頭一次覺得自己有點格格不入。

很快的，我發現是內在的不安在發聲！

我決定改變我的態度，不再自言自語。我刻意展現真實的自己，順其自然，保持開放的心，不再想著去適應當下的環境。當我抛開腦海裡那些批判的聲音，隨之而來的是充滿想法的討論、各種商業觀點，也結交了新的朋友。

放下討好或適應外界的渴望，接受當下。做一隻變色龍不表示抛棄真實的自己。其實正好相反：你對自己是誰感到自在，也會有勇氣去擁抱當下，在許多場合裡找到樂趣（如果你實在受不了當下的情況，當然也可以轉頭離去）。

4 擁抱B方案

我喜歡臉書執行長雪莉．桑德伯（Sheryl Sandberg）在經歷了一段難熬時光之後，提出的建議。「如果A方案不適用，我們就盡力選出B方案」，多麼棒的生活原則。

A方案很有可能會行不通。與其為此感到沮喪或發火，為什麼不修正路線，想出另一個B方案呢？

當你這麼做時，請全力以赴！給B方案最棒的機會！而且即便B方案行不通，沒關係，還可以有C方案。還好，英文一共有二十六個字母！

在旅途中，當我騎到伊朗邊境時，這個概念正好派上用場。海關人員在我的簽證上蓋章，帶著笑臉對我說：「歡迎來到伊朗！」我感到終於實現了夢想。多年來，我夢寐以求的就是拜訪這個國家，我終於來到這裡了！

那時麥克正和我在旅途中分頭前進，因為他拿的是美國護照，要進入伊朗十分困難。當我從南邊穿越伊朗時，他正計畫從北前進，我們預計在兩週後到土庫曼會合。

接著，我拿著護照和簽證，同時感到微微的緊張和興奮，走到我的摩托車旁，微笑看著正在檢查摩托車的海關人員。突然，他指著我的車牌號碼，再次要求我出示摩托車的證明文件。「有問題。」他喃喃自語。他說我的車牌號碼和文件不一致。

原來，我們在提比利斯準備出發時，兩人竟然不小心把車牌放錯了。我的車牌掛在麥克的車上，他的則在我這裡。我穿越伊朗的夢想因此很快實現，卻也同時結束了。無論使出多好的說服技巧也沒有用，他們不可能讓我帶著錯的車牌進入伊朗。

於是，我含著眼淚又騎回亞美尼亞。花了三天回到喬治亞，麥克在那裡等著我，我花了三天時間才接受無法騎車穿越伊朗的事實。

三天！我顯然還無法做到「放下執念」。有那麼一瞬間，我甚至考慮把車留下，這樣我就可以直接乘坐大眾交通工具進入伊朗——這是我的一位伊朗朋友給我的建議。但是，我最終還是提醒自己，擁抱B方案：就是由另一條路線繼續前進。我很高興自己這麼做了，接下來的冒險旅程是無價的，我也才能在書中和大家分享我的部分經歷。

你生命中是否也有A方案起不了作用的時候？即使你已經全力以赴也無法挽回。那麼，如果選擇B方案會如何呢？

向內在的控制狂告別

每個人的心裡都有不同程度的控制慾。有些人甚至高到破錶。強迫性的控制慾往往出自恐懼，控制會讓人感到安心，因為一切似乎都在掌控之中。

試著相信自己，你就能學會停止控制他人。

如果你真的想要活得勇敢，請不要緊抓著內心的控制慾。

學著放下吧。

活在當下

當你能放下控制慾，就可以享受每一段時光，不會再擔心下一秒或前一刻。順其自然，就能讓你活在當下，在每個微小的瞬間找到生活的樂趣。

就拿飛機誤點來說吧。你為此被困在機場裡，但與其飛行計畫被搞砸而發怒，不如選擇享受當下。學著和陌生人在一起的時光，或是一邊工作一邊喝點喜歡的飲料。你無法改變飛機延誤的事實，這超出你的掌控範圍。但你可以選擇要做什麼，怎麼看待這件事。不要為了自己無法改變的事情而緊張焦慮，專注於當下。

接受你現在的位置，順其自然。

請記得，勇氣是一段旅程，一段由你定義的旅程。

讓生命的浪潮帶領你去奇幻的時刻和地方，即使事情的走向和你想的完全不一樣。就算你正經歷最糟的一天，也要知道，沒有一件事是永遠不變。臣服，然後心悅誠服。確定自己的目的地，但以輕鬆自在的心情前進。有時你也可能決定更改目的地——順著浪潮，勇氣將取代恐懼，引導你做出決定。

我邀請你與生命共舞。放下執著，在狂野、原始、美麗強大的生命浪潮中奔馳吧。

旅途中的旋律

- 萬物皆有期。
- 我能如同水般順應自然。
- 我臣服於萬物，而且是心悅誠服。

補給站：順其自然的光譜

有意識的放下對生活的執著，調整自己順其自然的程度。與其細心計畫下一場冒險的每個細節，不如保留彈性的空間。或者，在選擇晚餐地點時，就順著心意選一個最引吸你的新場所。

順其自然，然後享受自己安排的全新的際遇和體驗。

旅行日誌

拿起日誌，反思以下問題：

- 如果你能順其自然，生活將會如何改變？如果你能放下執著，會發生什麼事呢？
- 你如何培養適應力？你希望在哪些方面有更好的適應力？
- 如果你明白每件事情都是短暫一時的，會做出什麼樣勇敢的決定？
- 順其自然的態度，如何幫助你活得更勇敢？
- 你覺得自己在哪些方面需要放下控制慾？你想學著不去控制哪些事呢？
- 你的內在控制狂，會在何時支配你的行為？
- 你記得發揮變色龍智慧的那一刻嗎？那時是什麼樣的情況呢？

＊一九四四年出生，美國麻省理工學院分子生物學博士、麻薩諸塞大學醫學院榮譽博士，也是該院減壓門診的創辦人。他是把東方的正念（mindfulness）帶到西方的推手之一，也是正念減壓課程（Mindfulness Based Stress Reduction）的創始人。

＊＊古希臘哲學家，相傳他生性憂鬱，故有「哭的哲學人」的稱號。

＊＊＊一九一五年生於英格蘭，哲學家、作家和演說家，以向西方世界推廣佛教、道教和印度教精神而聞名。

生活就是挑戰解鎖，

放膽玩一場！

第十一章

發揮玩心

玩心是一種微妙的藝術，能讓你在需要勇氣做出決定、對話和行動時，不那麼困難。

保持玩心，能讓你在最艱困的處境仍試著保持輕鬆，對周遭的情況或下決定都不再那麼恐懼。當你面臨挑戰，與其喝酒排解不安，不如試著發揮「玩心」吧！

抱著玩心過生活，可以讓大多數的經歷變得不那麼沉重，更容易釋懷。這種生活態度具有不可思議的力量，即使是最黑暗的情緒或環境也能被緩解。在摩托車之旅中，有幾次要穿越邊境，我們也會有點緊張，因為永遠不知道會發生什麼事。麥克通常會招手要我去和邊境官員談談，反倒給我很多機會去實行這些方法，也證明了玩心對我和周圍的人，確實都發揮了正面的影響力。

擁有玩心如何讓人變得更勇敢呢？觀察這件事很有趣。一個玩笑能讓情緒最暴躁的人在瞬間笑出來。就像我們被土耳其惡名昭彰的嚴格警察攔住，最後卻在路邊喝茶一樣。或是那個撲克臉的邊境官員，我送給他一條瑞士巧克力時，他臉上露出的燦爛微笑。

發揮玩心，會照亮周圍的黑暗，開啟通往勇氣的門。

「人之所以進步，不是因爲節制、負責和謹愼，而是因爲玩心、叛逆和不成熟。」

——湯姆．羅賓斯（Tom Robbins）*

生活就是你的遊樂場

當我們基本的需求被滿足——有吃的、住的、穿的，沒有掠食者追趕著我們——我們要做什麼？

我們遊戲。

遊戲是人類進化經驗中的一部分。當我們還是孩子時，就有這種本能。

長大了，我們有時就忘了自己擁有的這種能力。

當恐懼或壓力壓倒我們的生活時，遊戲往往是第一件被禁止或捨棄的事。當我們扛起更多生活的重擔，許多人就忘記了玩耍的樂趣。我們忘記生活就像一個遊樂場，遺忘了生活裡的快樂可以那樣單純。有很多藉口讓我們無法重拾玩心——太多工作、太多任務、太多責任、太多要忙的事、太多恐懼……

玩樂的生活態度不但能平息恐懼，還能鼓勵你挪出更多的空間，給你以前喜歡做的事，還有那些讓你快樂的人。

這樣的心態，還能讓你保持好奇心。好奇心十分美好，更是能激起勇氣的元素之一。孩子就是最棒的例子。

孩子想要探索一切，因為他們對周遭的世界感到新奇。他們在花園裡追逐著一隻毛毛蟲，可以毫無修飾和恐懼地直接發問。他們很勇敢，因為他們擁有永不滿足的好奇心，也沒有先入為主的觀念。

玩心是一種微妙的藝術。假設玩心是一個國家，大概會讓「傻氣」和「無禮」各占一方。當你試著發揮玩心，可能會被人討厭；如果你時時觀照自己，可能又會覺得自己表現得很傻或很粗魯。

我確定你曾觀察過一些人，他們很努力想要表現出輕鬆的態度卻弄巧成拙。就像有人想要搞笑，卻說了許多不恰當的笑話。或是有人在晚宴上評論你的穿搭，想用這種方式緩解氣氛。也許他試著想要表現出俏皮的模樣，或者只是想打開話匣子，但是他的意見很無禮也不好笑。

如果用對方法，玩心確實能把一群人連結在一起，而不是分化彼此。展現玩心不等同於搞笑。搞笑的人會逗你開心，但展現玩心的人會讓你感到被接納。

玩心是優雅、迷人且充滿智慧的。

好好認真地玩吧！

玩心與直率

我們在往南越過瑞士阿爾卑斯山前往義大利的途中，在一處工地遇到了塞車。幾個騎著哈雷的年長騎士也和我們一樣身陷其中。於是，我們開始好奇地分享彼此的冒險故事。

當我們說著從東歐騎到亞洲的旅行計畫時，他們沒有提供什麼有助的意見，還發表了一些帶著種族歧視的看法。我知道他們說這些話是出於擔憂，只是希望我們要小心，但我還是忍不住帶著溫暖的笑意，脫口說道：「這種說法，有點種族歧視喔。」說時還笑著輕輕推了他們一下。接著，我們便轉移了話題，開始討論一些比較輕鬆的事，包括對於文化和宗教方面截然不同的看法。

「妳是如何辦到的？」隔天早上，當我們吃著新鮮的瑞士麵包、可頌，和當地蜂箱裡的蜂蜜時，麥克問我。

他說我似乎總有辦法以非常直接、不加修飾的直率方式，跟別人分享我的想法；而且在過程中不會引起劇烈爭吵，也不會傷害或冒犯任何人。

在那之前，我從沒真正想過這件事。我喝著第二杯咖啡，能感覺到咖啡因的強大作用力。接著，我們又開始討論起勇氣及玩心的話題，愈說愈快，愈談愈多。

當我回想起「直率」這件事，一個念頭閃過我的腦海。我拿起筆記本，寫下兩個字：「玩心＋直率」。

我覺得，這就是解決這些讓人聽不下去或避免讓自己陷入麻煩的關鍵：以非常直接卻俏皮的方式來傳達訊息，而且是出於毫不掩飾的誠實態度。你可以展現你的輕鬆與直率，有禮貌而且不冒犯，善良卻不傲慢。單純的直率可能會讓你碰壁，激起恐懼投射出的情緒，或是被看成無禮的行為。

用輕鬆的方式傳遞訊息或想法，往往更受歡迎、更容易被聆聽與理解。你的表達方式也可以間接讓對方知道，你並不完美。你願意包容，而不是採取高人一等的姿態或想法。

下回你需要直率地表達意見時，記得帶著一點輕鬆的感覺。展現微笑、開放的心胸，不帶任何批判，讓他們知道你也不是毫無缺點。

玩心就是有這種魔法，能瞬間解除人們的防備。沒有人可以抵擋。俏皮的話語和動作會給人一種純真感，只要你的意圖是單純的，就會惹人喜愛。

增添玩心的七種方法

在廣大的聽眾面前演講，對我而言就像是進入一個巨大的遊樂場。我可以運用及嘗試不同程度的趣味，試著與現場的朋友們溝通。因為不知道他們的反應如何，但我喜歡這樣吸引聽眾。

在洛杉磯的一場會議，我主講團隊文化的主題。結束之後，一位與會者帶著好奇的表情走到我面前，開口問道：「怎麼樣才能讓事情更輕鬆好玩？」在這場特別的活動中，聽眾非常熱情，樂於接受玩心的概念，所以我在演講時，格外流暢，也格外輕鬆。

這是一個很棒的問題，我想思考一下，才能給出有用的答案。他想要的是確切可行的步驟。我問自己，玩心可以學得來嗎？或者是與生俱來？

你可能天生就有一定程度的玩心，但這也是一門任何人都能學的藝術。以下就是能增添玩心的七種方法。

1 不要太嚴肅

自我解嘲，不要太嚴肅，當你發自內心這麼做，其實能軟化他人的強硬態度，也顯得討人喜歡。當你能放鬆自己，就能找到更多勇氣，因為你不會再擔心別人怎麼看你，也不會擔心自己犯錯。

以幽默且自信的方式，接納自己的缺點和不完美。當你這麼做的時候，也能以客觀的方式看自己。就像在對自己說：「嘿，我也不是一百分啊，輕鬆點吧！」你和每個人一樣，都有缺點！記得，不完美也很有趣、很美麗。

當你面對別人出於恐懼的反應時，自我解嘲也能發揮作用，可以消除對方的怒氣或沮喪。與其讓自己的恐懼感發作，不如用趣味的方式來回應，看看會發生什麼事。

有天早上，我走向機車準備出門時，鄰居叫住了我。她以高分貝的音量對我提起昨晚從我房裡傳出的音樂聲響。我的朋友們和我組了一個叫「鹹唇」（Salty Lips）的樂團（請別再追問這件事了），我們昨晚就在住處練習了一下。

我沒有替自己辯護，而是加入了她的抱怨，讓她知道我也有點沮喪，尤其是音樂確實沒有那麼精采。她馬上冷靜下來，從「再也不要……」變成「或許可以試試看不一樣的曲子，不要重複同一首」。我們兩個都哈哈大笑。她知道我是站在她那一邊，不是反對她。我也在取笑自己的音樂，這麼做，瞬間化解了她的怒氣。

帶著玩心，不要太嚴肅，這兩者具有化解困境的力量。試試看吧！這是一門微妙的藝術，可以創造出奇蹟！

試著在你的日曆時不時放個小提醒，然後做到：「今天，不要太嚴肅！」

2 讓別人感到善意及尊重

一般來說，當你表現出有趣且充沛的能量時，大家都會一起來幫助你邁向成功之路。如果你認為這個世界的人都與你作對，不妨試著想想，其實大家都是帶著善意來幫助你，你的能量也會轉變。

讓別人感到與眾不同，也是一種方式。不需要太多力氣就能辦到。你只需要對人展現出尊重與關心。給陌生人一個微笑，共享美好的時刻。

3 閃閃發光的眼神

玩心的態度會展現在你的肢體語言上。一個小小的笑臉、輕輕的碰撞、溫暖的語氣，都是張開雙臂邀請對方一起展現玩心的方式。哦，還有你眼中的光芒。一對調皮閃爍的雙眼，沒有比這個更棒的。

想想那些你佩服的人，他們是如何維持玩心的呢？

如果你要展現玩心，該怎麼說話和行動？你要如何透過自己的肢體語言，激發玩心呢？

4 溫柔的邀請

風趣的態度可以減輕人際互動的壓力，幫助你勇敢地為某事或某人發聲。同時，這樣的態度也像是在溫柔地邀請對方，一同加入你的行列。

當你在分享一些較具爭議性的言論時，更要保持溫柔的態度。以風趣的方式去分享你的想法，不僅能和意見及立場相異的人展開良好互動，也能快速建立信任感。

例如，你可能會和一個立場完全相反的人討論政治。不要貶低對方，或自認高人一等，你應該用更有趣的方式分享你的意見。你們擁有的不同經驗形塑出了各自的信念。與其關閉彼此的對話通道，不如採取更輕鬆的方式彼此交流，或許能開啟更有啟發性的思考空間。

5 一點點嚴肅的分寸

玩心讓你能以輕鬆些的態度去面對恐懼，但這不表示對待任何情況都掉以輕心。輕鬆的幽默感只是為充滿挑戰的局面帶來一絲喘息空間，這中間有一點分寸需要好好拿捏。

如何讓自己輕鬆一些？各種方法都不同，你會找到最適合的。記住，這和你行為背後的意圖有關。

在我的團隊中，我們也有個特別的方法叫「點菜議題」。這是我們展現玩心去迎接挑戰的方式。每當遇上阻礙，我們發現帶著好玩的勇氣去面對，通常會獲得更多的成功回應。

6 保持好奇心

好奇心就是激發勇氣的偉大動力。當你擁有童心般的好奇心，以開放和好奇的心態過生活，你會感受到勇氣的召喚，生活將會充滿驚奇。

孩子就是最棒的例子。他們不怕近距離觀察一隻蟲、跌倒或問上百萬個問題。他們好奇的想法充滿童心，不斷透過驚奇的眼光看世界。童心帶領他們更有勇氣，而非不斷猜疑。

多多提問，展現好奇心吧。跟蹤海灘上的螃蟹、探訪周邊的地區。煮你最喜歡的餐點時，把材料全都混在一起。展現童心般的好奇心，展現生活裡好玩的一面。

7 心有定見

最後，在心裡保有一定的主見。當你在某種程度堅持自己的主張時，可能會看起來有點難搞。但你心安理得，明白自己的心，外界的意見就無法干擾你。你不會陷入負面情緒或小劇場裡。如果你心有定見，怎麼會讓恐懼主宰你的人生呢？你不會這麼做！

當你帶著玩心做自己，你不會到受到毫無意義的社會教條約束，反而會提起勇氣。你會用自己的方法，做對的事。

不要太認真，也不要太激進，盡情玩耍吧。

旅途中的旋律

- 我要學著放輕鬆。
- 我擁有好奇心。
- 我會盡情發揮玩心。

補給站：不要太嚴肅

當你觀察到生活裡有一些時常出現的挑戰，寫下來，然後以另一種有趣的角度看待。這些事情包括在上班的路途塞車、和另一半總是意見不同，或是忘記帶午餐。

旅行日誌

該停下來，反思及思考以下問題：

- 如何以更多玩心來過生活？如果你平時能多發揮一點玩心，生活會變得如何呢？
- 生活中哪個部分，讓你覺得玩心不足？
- 誰是你最佩服的玩心高手？什麼事讓他們變得有玩心？
- 如果你能以更有趣的方法過日子，會做出什麼勇敢的決定？
- 假設你認同以更輕鬆的態度過生活，你的表現會有什麼不同？
- 你曾經喜歡卻不再繼續做的事是什麼？如何讓生活變得更加有趣？

＊出生於一九三二年，美國小説家，小説作品《藍調牛仔妹》（*Even Cowgirls Get the Blues*）曾由美國知名導演葛斯·范桑（Gus Van Sant）於一九九三年翻拍成同名電影，由女星鄔瑪·舒曼（Uma Thurman）及男星基努·李維（Keanu Reeves）共同主演。

一步一步，

今天的你會比昨天更好、更強大。

第十二章

提升自我

進化是人類經驗的重要部分，能讓我們不斷突破極限，成就非凡。進化也同樣會提升你的勇氣指數，幫助你成為最優秀的自己。進化能帶來改變，不確定感也會隨之而來。

擁有勇氣，你會有意願離開舒適圈，才能夠讓自己提升到一個新的境界。你可能會感到不舒服，但是，把自己放到能成長的環境裡，就能獲得進化的機會，提升自我。

拓展勇氣界線

當你接受進化時，你的勇氣界線也會跟著改變。如果你選擇繼續進步，你更有可能持續拓展勇氣界線，而非退縮。當那些不安的感覺慢慢消失，你就有勇氣持續拓展界線。練習做出勇敢決定，你將會發現事情沒有那麼可怕，一切都是生活裡再正常不過的事情。

當你面對生活裡的兩種選項——安全，以及不安——你會選擇哪一個？

運動員的訓練，往往都是在艱困的情況試著達到最完美的狀態。勇氣也是一樣。你要練習讓自己變得更勇氣，才能做出大膽的決定——特別是當你面臨挑戰或是遇上害怕的事情。

在人生的旅途上，你必須常常改造自己。當你勇敢地讓自己改頭換面，就能感受到個人的成長，以及進化的力量。你會發現生活裡的各種層面都跟著進化了，包括不同的人和機會，都會被你吸引而來。

適應不舒服

真是不舒服！把自己置身於舒適圈外，需要勇氣。但是，能幫助你成長，變得更進步、更有勇氣的——正是那些折磨你的時刻。

如果你在面對新事物感到不舒服或緊張的時候，請伸手歡迎！這是成長的暗號。當你內心感到忐忑不安（不是「我戀愛了」那種不安，是「我超級害怕」那種不安），你很有可能正在進化中。

我喜歡把握每一個能讓自己感到「忐忑不安」的機會，這樣才不會變得自滿，而是不斷提升勇氣指數。當我心中的恐懼警示聲響起時，我知道，我正在成長。

一開始，你或許不會發現不適感帶來的好處。然而，讓我打個比方吧——當你從懸崖一躍而下時，你會感到雙腿無力、心跳加速，就說YES！

對脫離安全地帶說YES，對恐懼感說YES，對採取行動說YES，對願意努力成為最好的人說YES，對願意拓展勇氣界線說YES，對願意更進一步說YES！

適應不舒服的感覺吧！愈常讓自己處於不舒適的狀態，就會愈習慣去處理這些情況，然後成長！

讓我告訴你三個方法，幫助你練習一下！

1 與困難的交談直球對決

我的一位好朋友曾說：「法蘭茲卡，勇敢去開啟困難的對話，這會讓生活更多采多姿。」這個想法，一直陪伴我到現在。

生活中有哪些對話會讓你感到不安呢？為了讓自己進步並忠於自我，你需要什麼樣的對話呢？

你的團體成員沒有負起應負的責任嗎？你需要和愛人談一些很棘手的問題嗎？還是你其實也在逃避，與自己的真誠對話？

去面對吧，處理不舒服的狀態也需要勇氣，鼓起勇氣去處理這些問題，你也能獲得成長。

2 勇於衝撞

為了讓事情有進展，也讓你進步——不要害怕衝撞。

衝撞的時候，你可能也會感到不太舒服，但，有時我們正需要發揮勇氣，才能拋開既有事物，為新事物開啟一扇門。有時候必須這麼做才能進步，邁向下一個階段。

你的生活中有沒有需要「衝撞」的地方，讓你重建並升級？放棄計畫也需要勇氣。這麼做可能會讓你感到恐懼，但同時也有所獲，而且到達更好的終點。

恐懼可能會讓你抓著計畫不放，即使你發現這個計畫已經分崩離析。當有必要調整或修正作法時，勇氣會推你一把，讓你鬆手。

在我的企業裡，我有時會故意打破或重整一些過程或系統，才能有優化的機會。我相信，推動革新和拋開守舊的觀念是身為一名領導者的任務。你的領導方式會啟發你身邊的人，跟隨你的腳步。

好，還要更好，這個階段可能也需要一些捨棄的勇氣。許多人不敢做到這個程度，因為他們害怕失去。如果你相信宇宙一定會做你的後盾，你會明白，犯錯只是進化的過程而已。

所以，何不每隔一段時間就清點一下你的生活呢？讓自己脫離舒適圈，問問自己，需要衝撞哪些舊事物，讓一個個碎片得以重組升級。

3 擁抱差異

陷入對比情境和陌生的經驗，難免會讓人感到不舒服。但，這種差異才能激發創造力，拓展你的思維。你是否注意到，有時候身處在不熟悉的環境時，你反而會冒出更多創意？

去嘗試那些你平時不會做的事，感受不舒服的感覺，拓展你的勇氣界線吧。我喜歡朋友邀我去參加那些通常不太會吸引我的活動，即使我的第一個反應可能是「我沒有那麼感興趣」；如果那些活動我真的一次都沒試過，我的答覆通常會是「好」。

差異愈大的事物，愈能啟發創意。無論是與夥伴們在野地裡紮營，或是精心打扮去參加晚宴，落差愈大的事情反而愈能啟發我，以不同的方式去思考。差異懸殊的情況能引發你的好奇心，啟發新的想法。

接納差異性，練習不舒服的感覺。讓自己處在不同的情境中，拓展你的思考方式。這能幫助你開展不同的視野，讓你進步，成為最好的人。

五種層次

你可以選擇自己想達到的層次，無論是自己進行或與深愛的人們一起進行都可以。

你可以試著五個層次全部練習，或是只專注在某些層次，我相信你也可能會對其中某些層次特別有感覺。

這五個層次分別是你的心智、情感、身體、智慧和靈性的進化。

1 心智進化

要拓展勇氣界線，提升心智能力是至關重要的步驟之一。心智能力就像一部充滿力量的引擎，一方面支持你變得勇敢，達成你最遠大的夢想，另一方面也會讓恐懼拖住你前進。

好消息是，心智是可以被訓練的，而且能成為你的最佳盟友！我喜歡做心智實驗，向自己證明心智的力量有多大。

我最近做的一個實驗是，在未經訓練的情況下參加紐約馬拉松。我以為全神貫注跑完 42.2 公里，對我而言應該輕而易舉，沒想到過分低估了馬拉松的難度，然而，我終究以意志力跑完了全程。

那時，我的臀部感到痠痛，腳上的水泡也痛到難以忍受，腦海裡曾冒出一股小小的聲音試著說服我放棄：「就搭計程車去終點吧，沒有人知道！」我只是在心裡自問自答：「謝謝你，好棒的主意，你真聰明，但我必須跑完！」最後，我在五個小時內跑到了終點，而且身體還算安然無恙——只是腳踝痛了將近六個月！

刻意用想法鍛鍊你的心智，能幫助你在選擇時更加勇敢。讓你的心智成為拓展勇氣界線時的最佳夥伴。哦，你不用跑馬拉松來證明（其實我不建議在沒有訓練的情況下跑馬拉松）。

你的心智進化會影響其他四個層次的進步程度。心智愈強大，愈容易在其他層次裡達成你渴望的目標。

2 情感進化

情感進化會支持你勇敢地面對更深層的情緒：不要害怕所經歷的情感深度、強度和範圍。從各種情感中學習，無需批判自己或他人的感受。不要迴避或壓抑情緒，你可以學著在受傷時流淚，在愛的人面前展現脆弱，在平靜時感到幸福，還有大笑——讓鄰居都聽得見你。

情感上的進化也有助於培養你的情商，並具有同情心，能夠在情感上與他人真正建立連結。你的情感進化得愈多，愈能敏銳察覺別人的情緒。你將能注意到更多情感的微妙之處，更能善加運用同理心和善良來回應他人。

要提升情感的進化，就要觀察自己對特定情況或人的感受程度——記得，不要出現批判的眼光。複雜的情況可以幫助你成長和發展。用開放的態度迎接不同的感覺，讓自己樂於體會各式各樣的情緒，你更有可能勇敢過生活。

我在年初設定目標時，就以這個層次為目標。我必須說，在情感層次這方面，我的進步比期望的來得多。有時候我也以為宇宙在和我開玩笑，然後，我會不斷提醒自己，黑暗的情緒同樣能幫助我進化及成長。

3 身體進化

沒有健康，等於失去一切。無論你多麼富有，有多少人愛你——失去了健康，其他的享受都無濟於事。

擁有健康的身體，也會對每天生活的方式造成巨大的影響。

身體的進化是指照顧自己，讓你能表現出最佳狀態。運動、正確的飲食和良好的睡眠習慣，這些都有助健康。我不是健康方面的專家，所以我不會告訴你該做什麼，而是傾聽你的身體（以及諮詢相關領域專家）。

有些人仰賴一些電子裝置及數據，確認自己能否睡個好覺、是否餓了或是否需要運動。生物科技真是令人難以置信。然而，這些儀器不能取代聆聽身體的工作。因此，不要依賴你的手機去評估你的健康，重新學習怎麼聆聽你的身體。只要你能專注聆聽，你的身體會告訴你。

照顧自己，你就能擁有強大且清楚的頭腦，做出勇敢的決定。

我記得當我們騎摩托車沿著土耳其的「通往地獄的高速公路」前進——這條路被標記為世界上最危險的道路——在心智和身體上，我都受到重重一擊。

那是一條蜿蜒在陡峭山崖上的泥濘道路，狹窄的Z字路口一個又接著一個。那天我們被雨霧籠罩，導致能見度為零，但實際上也可能因此讓我保持冷靜。因為我看不到右邊的陡峭斷崖。

我緊貼著左邊的山壁前進，緊握著機車的龍頭，用力到連手指的關節都變白了。這條路讓我簡直不敢呼吸。當我們抵達山頂，我的呼吸才開始恢復正常。我的身心都累壞了。

身體如果不夠健康，我無法在旅途中三番兩次化險為夷。

努力讓身體更健康吧！

4 智慧進化

我有點怪咖，所以「智慧進化」讓我感到非常興奮。「智慧進化」就是用洞察力和資訊滋養你內心的怪咖，支持你做出勇敢的決定。

「智慧進化」能賦予你能力去做更深的討論，然後突破極限。勇敢地發表意見、優雅地提出反駁、在智力方面去挑戰及被挑戰。我其實很享受於讓人質疑我的想法，因為這樣才能讓我重新思考，提升智慧。

提升你的智慧有很多不同的方法，例如：閱讀、聆聽podcast、參加課程、和朋友東南西北亂聊，或是試著解決難題。找出對你有用的方法。

我在高中時期有一位好友，她隨身攜帶著一本百科全書。我必須說，她的詞彙量在過去甚至到現在，還是讓人印象深刻。

5 靈性進化

最後一項，但也同樣重要的一項，讓我們來研究你的「靈性進化」吧。你不必靠著相信外星人去達到靈性的進化。「靈性進化」能幫助你信任這個世界，相信有比自己更強大的事物。

「靈性進化」能幫助你憑直覺做出勇敢的決定。某些靠直覺所做的決定，可能看起來不理性，卻充滿力量。做出不符邏輯的行動或決定，更需要拿出勇氣。然而，往往是那些勇敢的決定，會產生最大的影響力。

要在靈性上進化，你不必住在山洞裡打坐數年。你可以選擇每天十分鐘的靜坐、偶爾沉思、沉浸在大自然中，或是任何一種適合的練習，來覺察你的意念。

靈性上的進化或許也可以包括無法用邏輯解釋的經歷。你可能會選擇探索自己陌生的新境界。捨棄熟悉的事物，並鑽研未知的世界，這需要鼓起勇氣。當你這麼做時，可能會對一些新發現的奇蹟感到驚訝。

選擇你最有感覺、想著手的部分，動手開始吧。

五個進化的層次可以運用在改善人際關係。不同的關係會支持你在不同的層次進化。

人際關係的進化

當你進步了，更靠近真實的你，你將會看到自己所有的關係也跟著改變。有些人際關係會消失，也有其他的人，會跟著你進步。

人際關係就好比生活中的香料。當你有勇氣與所愛的人深入探究前述五個層次時，你將會感到彼此更深刻的連結。

與大多數的朋友，你可能會做到五個層次當中的一兩個。與某些朋友或許能達到全部的五個層次。

人際關係的進化是五種層次的進階版，如果你夠勇敢，這個層次將能讓你成為更好的人。

在一段愛情關係裡，你也可以深入這五個層次。如果你能找到共同探索所有層次的另一半，那真是太棒了。

旅途中的旋律

・我每天都會變得更好。
・為了進化，我願意去挑戰不舒服的感覺。
・我投資自己。

補給站：不舒服的感覺，歡迎光臨

挑戰那些不舒服的感覺，讓自己習慣於面對挑戰。在接下來的一個月，請至少去挑戰一次困難的對話。對讓你不舒服的經驗，說YES。

旅行日誌

拿起日誌，反思以下問題：

・生活中有哪些讓你不舒服的狀態，能讓你拓展勇氣界線？
・有哪些對話是你一直逃避，不願面對的呢？
・五個層次中，你最想深入鑽研哪一個？你會採取什麼行動呢？
・你在生活中哪個地方卡住了嗎？怎麼樣才能繼續前進？

無論你的挑戰是什麼，

現在就開始去做！

第十三章

承諾

你已經來到最後一個篇章。一路走來，思考著關於勇氣的重要問題，重複聽著鼓舞你的旋律，做了許多嘗試及挑戰，你已經認真地付出心力，這太棒了！我們終於能準備慶祝一下！

但，首先，讓我們一起鎖定最後一個方法：承諾。

勇氣的決心

為了拓展勇氣界線，所有的篇章都是從一個意向開始，緊接著才是行動。哼著旅行的旋律，思考著補給站裡的問題，這些都屬於旅程中的一部分。勇氣是一種技巧，你愈常練習，就會變得更勇敢。你已經答應自己，要活得勇敢，現在，我們就邁向最後一步吧！

讓我們透過以下四個階段，來制定你的承諾。

1 確立目標

你現在的勇氣有多少呢？

你希望在面對生活的哪些部分，能變得更勇敢？

在展開這趟勇氣旅程時，你可能已經發現自己想探索更多的不同領域。

你希望能有勇氣投資一門課來提升你的事業嗎？或離開一段無法讓你真正做自己的關係？

對瘋狂的冒險之旅說YES？

面對困難的對話？

在別人面前唱歌？

換工作？

加入跆拳道班，達到有始以來最健康的狀態？還是去裸泳？

想想希望自己能更加勇敢嘗試的具體領域，把想到的事情全部列下來。

2 做出選擇

你可能想在生活中的不同領域拓展勇氣界線。與其在每個地方都做出勇敢的嘗試，不如先選擇一兩個重點。

不要一下子就想將本書的每個方法全部付諸行動，先選一個，並有意識地接納練習，直到成為自然而然的習慣。等到你培養出新的習慣，再接著做下一個。按照你認為合適的方式安排優先順序。最重要的是，下定決心要練習新的方法時，要帶著玩心去執行。

有時候，你的承諾或多或少都會受到考驗。你或許覺得快要放棄，默許自己回到安全狀態，或讓恐懼來主導你的作為。這很正常。阻礙和挑戰是為了測試你對自己的承諾。不要和負面能量抗爭或因此看輕自己的進步。記得，順其自然。

說到順其自然，你或許仍難以擺脫對結果的執著，讓事件影響你的情緒。這也沒關係。進步往往來自許多微小的行動，所以，努力跨出一小步也可以，相信整個過程。

不要期待一夜就成功。持續行動，幸運就會找上你！

3 幸運的來臨

你愈努力執行這些原則，就會獲得愈多好運。確認自己想在哪些領域變得更勇敢，就努力朝那個方向勇敢前進，並且永不放棄。

堅持很重要，有耐心也是！

耐心是一種美德（我承認自己沒有耐心！但是經過全宇宙不斷測試我的耐心，我相信自己已經愈來愈進步）。保持要勇敢的承諾，還要擁有足夠的耐心，就算遇到困難或遲遲得不到滿意的結果，也要持續努力。

和許多珍貴的計畫一樣，你的勇氣計畫也需要時間來設計執行。不用著急，放下控制慾，保持適應力並且堅持下去。

如果你在行動時感到恐懼，不要擔心——勇氣，就是在恐懼的情況下仍採取不完美的行動。

努力再努力，並沿途修正方向。

4 面對波折和修正方向

在努力前進的途中，你可能會偏離原本的路線。生命不是一條筆直的線，是一個接著一個彎曲和曲折的Z形線。有時黑暗，有時光亮，也有曲折和轉彎，有高低起伏，就是這些，讓生命變得完整豐富。生命原本就是一場由光明與黑暗交織而成的美好（及些許痛苦）舞蹈。

有時候你會選擇優雅地堅持下去，有時候你選擇改變方向。要有調整方向的覺知、彈性和勇氣。當恐懼主導你的決定，你或許會抗拒未知事物並停留在原地。當你選擇勇敢地生活，就會樂意改變，因為你知道一切事物都有期限，困境終會度過。

優雅地修正前進的路線，不要逼迫自己努力。有了勇氣、玩心和放下執念的練習，就能展現優雅的態度。無論發生什麼事，平靜以對。只要你努力做真實的自己，就能以正直和讓人敬重的態度行事。

宇宙有自己的方式，讓萬物自然運行。保持勇氣能讓你擁抱未知，並適應調整後的方向，這一切，會帶領你和其他人一起通往更高的境界。

放膽去玩

我想邀請你，玩一個更大的遊戲！

你正在讀這本書，是因為想要活得更勇敢。你翻開這一章，因為你承諾自己要更勇敢，想要活出最精采的生活。

也有可能，你已經準備好要玩更大的遊戲。

你對「大」的定義和別人不同，所以不用擔心其他人說了什麼或做了什麼，只要努力投入你的夢想和目標。

你對自己的夢想感覺如何？你的感覺足以確認你是在勇敢作夢還是待在安

全地帶。

你是否感覺到胃裡一陣翻滾？還是你覺得嗅到一絲恐懼的味道？

你是否有強烈的動機？

你的夢想能激發你的能量嗎？

如果是，太完美了！然後，或許可以把夢做大一點。做大一點的夢才能拓展你的勇氣界線，並且感到有一點坐立難安——但，也不要大到你無法相信自己能實現。

玩大一點，有時可能也會讓人卻步，因為這表示你要改變一些想法或脫離安全狀態。這種轉變也許是可怕的，所以很多人會選擇好好待在舒適和熟悉的範圍內。這麼做也沒有什麼不對。然而，一旦你選擇加入勇敢生活的進階遊戲，你對一路上許多的不確定性和不可預期的事件，也早已有心理準備。你更明白，能順從自己真實的想法，這種感覺多麼珍貴。

玩大一點，你也會激勵其他人挺身而出。看到身邊的人站出來，敞開心胸展現自己，更讓人感到非常有意義。

在你的生活中，有沒有什麼地方會讓你覺得自己的思考太狹隘了？
你會在什麼場合打安全牌？
會在什麼情況下違背真實的想法？
有沒有讓你想挺身而出的時候？
如果你決定展開一場夢想中的瘋狂冒險之旅會如何呢？
如果你向一個「非我族類」的對象提出約會又將如何呢？
有時違背自己的心更容易，但，你是否更想要做真實的自己呢？
會不會，最後你真的完成了不可能的任務呢？

「不可能」只是一種看法

當有人告訴你某件事「不可能」的時候，你會畏縮嗎？也許，這件事在他們的世界裡是不可能，但是，當你挑戰自己，勇敢去做，也許真的就辦到了。不要把「不可能」當做不想行動的藉口。「不可能」只是一種看法，不代表你做不到。

鼓起勇氣，把「不可能」當成挑戰。記得，每件事都不是長久的，「不可能」的狀態也一樣。你現在無法做到的事，或許明天就成功了。

在你通往勇氣的旅途中，會遇到許多測試勇氣界線的人和情況。不要陷入「不可能」的迷思裡。定義你自己的潛力，繼續過勇敢的生活。

你絕對辦得到！

記得，那不是別人的錯

有一位智友曾告訴我：「父母會做你的後盾，但你必須長出自己的骨氣」。你的父母已經為你盡了最大的努力，而且父母很可能也會犯錯。努力做到自己想要的結果，責怪別人，只是把自己的力量交出去，很可能讓你無法勇敢追求夢想。

我們每個人的人生都是起起伏伏，都會有困境和低潮。只有你能選擇這些事情的意義。

不要責怪媽媽、爸爸、天氣或經濟，要他們為你的問題負責。他們可能對你現在的處境造成重大影響，但只有你能選擇自己如何往前走。

生活裡到處都是因恐懼而生的受害者的故事，我們要做的是從中學習。當同樣的情況發生在你身上時，請改變你的故事，重新對自己作出承諾。

對自己承諾，要在這個世界嶄露頭角。

對自己承諾，要為自己站出來，因為你值得過勇敢的生活。

過去發生的事情已無法挽回，現在如何表現和行動，才是你的選擇，做出聰明的決定吧！

勇敢領導

你對勇氣的承諾，以及對拓展勇氣界線的微小轉變，都會激勵周圍的人一同站出來。

無論你正領導一個團隊、家庭或朋友，你首先是自己最重要的領導者。你領導自己的能力愈強，就愈能用自己走過的路，領導並激勵他人。

想想你覺得最鼓舞人心的領導者。他們有什麼樣的共同點呢？

很有可能是他們擁有自己真實的想法，堅定自己的原則，並持續進化自己。他們用開放的心胸、玩心和單純的理念領導別人。他們相信自己，相信過程，擁抱自己的不完美，保持讓人吃驚的適應能力。一個勇敢的領導者，是能用善良、惻隱之心和同理心來領導他人的人。

這本書中的所有方法，都能帶領你生活得更勇敢；同時也會幫助你，變成一位領導自己和他人的強大領導者。

承諾做個勇敢的人，忠於自己的想法，用優雅、正直和尊重的態度處事，用勇氣來領導自己和他人。

感謝你，勇於對自己承諾，並勇敢地向世界證明！

旅途中的旋律

- 我致力於勇敢生活。
- 「不可能」，只是一種看法。
- 我能擁抱生活裡的困境。

補給站：對自己許下承諾

承諾自己，在接下來的一個月裡，每天都要更有勇氣。我們每個人每一天都在面臨各種選擇，不要選擇簡單的道路，選擇最勇敢的那一條吧。

旅行日誌

寫下你對下列問題的想法：

- 想要變得更有勇氣，你的下一步能做什麼？

・你現在願意做出什麼承諾，能讓自己更加活出自我？

・你曾因為害怕，而逃避對自己和別人做出哪些承諾？

・在哪些事情中，你沒有負起該承擔的後果？如果你能扛下責任，你想改變什麼？

・你如何展現出自己最有領導力的一面？

・你想在生活中的哪些面向玩大一點？

後記

展開你的旅程

你已經開始展開了追尋勇氣的旅程，這本書將是支持你走過人生旅途的指南。你所做的每個大膽的決定，每個勇敢的行動，都會讓你更接近最棒的生活。

勇氣將引領你走向豐富的無悔人生，讓你真正驕傲的人生。充滿勇氣的人生，是一段美好充實且難忘的旅程。你會帶著滿足的心情回顧這段勇敢的人生，明白自己已經付出所有。你抓住了機會、你失敗了，你重新站起來，你活得有聲有色。

就像任何旅程一樣，隨著環境變化，隨著勇氣界線擴大，你會不斷調整自己的路線。每當你感到迷失，需要打打氣，或是想要聽聽旅行中的旋律來增強信念，都可以回頭來看本書和你的日記，尋求新的想法和方向。這場追尋勇氣的旅行，是一輩子的計畫。

每天都是展現勇敢的新契機，每天你都要為自己的生活做出選擇。和其他時候相比，有些時候你或許感到更有勇氣。某些日子裡，你不必努力順其自然，而其他時候，你將遇到困難的路障。相信自己，你已經預備好足夠的知識，明白如何繞過這些阻礙。

記得，有許多不同的道路都能帶你通往目的地。有時候，一點小小的意外歧路，會帶領你到某些生命中最美好的地方。

相信宇宙會一直支持你，即便你發現自己正身處於黑暗的角落。記得你是自己故事的作者。

忠於自己，保有純真的意念，相信自己，用開放的心來面對一切，始終以善意來回應。擁抱不完美，放下對結果的執著，順其自然，帶著一點玩心的態度，持續進化自己，並答應自己會做到！這個世界需要你和你的才華，而且你值得活出勇敢的人生。

賈伯斯說過的另一段話，我也非常喜歡：「你無法把眼前發生的點點滴滴連結起來，你只能在回顧時才可以做到這件事。所以你必須相信，在你的未來，這些點點滴滴會以某種方式連結起來。你必須相信一些事——你的直覺、命運、生活、輪迴——無論你怎麼形容。這個信念從來沒有讓我失望，而且讓我的生活變得與眾不同。」

書中的每一個篇章，就像勇氣地圖上的一個點。相信這些點在未來會連結在一起。你正在做的事、採取的行動、改變的事，都會讓你更勇敢。你終會走向屬於自己最好的地方，宇宙永遠支持你。

我們永遠都在一起，我很期待聽到你規畫和照著勇氣地圖生活的經歷。享受你的旅程，盡情享受充滿勇氣的時刻。

【勇氣給你的情書】

親愛的你：

我，是你心裡的勇氣。我想讓你知道，我一直在你的身邊，即使你看不見我。請記得，當你感到害怕，我也從來沒有走遠。我永遠都是你的後盾。

你擁有勇敢的靈魂——一直都有，永遠都有。你絕對可以活出眞實的自己。

謝謝你相信自己，也相信我。我們是一個很棒的團隊！勢不可擋！

敬，勇敢生活！

——你的勇氣

River
心靈河流 001

沒有人天生勇敢，而勇氣是可以練習的

拓展勇氣邊界，定義全新的自己，我從絲路重機之旅學會的十三件事

The Courage Map : 13 Principles for Living Boldly

作者	法蘭茲卡・伊絲莉（Franziska Iseli）
譯者	楊婷湞
主編	楊雅惠
封面設計	Bianco Tsai
視覺構成	ivy_design
校對	吳如惠、楊雅惠
社長	郭重興
發行人兼出版總監	曾大福
總編輯	楊雅惠
出版發行	遠足文化事業股份有限公司 潮浪文化
電子信箱	wavesbooks2020@gmail.com
粉絲團	www.facebook.com/wavesbooks
地址	23141新北市新店區民權路108-2號9樓
電話	02-22181417
傳真	02-22180727
法律顧問	華洋法律事務所 蘇文生律師
印刷	中原造像股份有限公司
出版日期	2021年1月
定價	330元

國家圖書館出版品預行編目（CIP）資料

沒有人天生勇敢,而勇氣是可以練習的 ： 拓展勇氣邊界,定義全新的自己,我從絲路重機之旅學會的十三件事／法蘭茲卡.伊絲莉（Franziska Iseli）著；楊婷湞譯. -- 新北市：遠足文化事業股份有限公司潮浪文化, 2021.01
320面；14.8x21公分
譯自：The courage map : 13 principles for living boldly
ISBN 978-986-99488-1-4（平裝）
1.自我實現 2.勇氣

177.2　　109018171